これからの時代に生き残るための経済学

倉山 満
Kurayama Mitsuru

PHP新書

はじめに――経済は難しいが一言でまとめると簡単

経済学は難しい。確かにそうです。

しかし、本書は「世界一わかりやすい経済学の本」のつもりで書きました。エコノミストでもなんでもない私が書く本なのですから、難しい話はしません。安心してください（笑）。

なぜ、私が経済学の本を書くのか。

最初に、理由の説明も兼ねて、ちょっとだけ詳しく、自己紹介をしておきます。

私は大学院では歴史学を専攻、特に日本近代史の特に憲政史を研究していました。大学院在学中から、大学非常勤講師として日本国憲法を教えていました。実態はフリーターです。非常勤講師って、「バイト」ですから。「○○大学准教授」のように「本務校」がある先生が他の大学に教えに行っている場合は、お小遣い稼ぎ（たいていは、義理で頼まれている）です。「本務校」とは所属している大学のこと、つまり定収入をくれる場所のことです。

しかし、「本務校」を持たない非常勤講師は悲惨です。一つの授業を一カ月教えて、平均二～三万円の収入です。仮に三コマ教えていると、大学教員としての年収は二四～三六万円です。

これで経済観念が身に着くわけがない（苦笑）。いや、そもそも生活ができない（深刻）。大学教員としての収入だけでは、家賃も払えない。昼間は二コマか三コマ教えて、夜は塾講師のバイトで食いつないでいました。だから、「定収入が無く、時間労働で食いつないでいる」という意味で、本当の意味でフリーターです。

それでも大学准教授になれれば御の字ですが（よほどの悪さをしなければ、いつか必ず教授になれる）、私は三十代の後半に、人生二回目の内定切りの憂き目に遭いました。

その時の絶望感たるや。

ちなみにその年にリーマンショックが起きましたが、当時の私には何のことかさっぱりわかりませんでした。あまりに年収が低くて、これ以上は下がりようが無かったので。今思えば、「みんなが自分と同じ収入に落ちてくるんだ」といったところでしょうか。

当時『年収三〇〇万円時代～』という本が流行っていましたが、「そんなにもらえるの？」と頓珍漢な感想を抱くほどでしたので。ちなみに「年収三〇〇万円時代」とは上限のこと。「日本人の大半の人の年収が一八〇万円になるぞ」という内容だったと思います。立ち読みで済ませたので、マトモに覚えていませんが。

そんな時の私に声をかけていただいたのが、現在は経済評論家の上念司さんです。中央大学の弁論部・辞達学会の先輩です。私が一年生の時の四年生の先輩です。当時の上念さんは、経済評論家として飛ぶ鳥を落とす勢いだった勝間和代さんのマネージャー（プロデューサー）をしていました。その上念さんが「一般向けに本を書いて勝負してみないか」と仰ってくれました。

私は、自分の単著が一生の内に一冊出せる人間になれるとは、夢にも思っていませんでした。事実、世の中の「教授」と呼ばれる人々の大半にとって、人生に一冊、自分の本を出せれば御の字です。上念さんが言っているのはその意味での「一冊書いてみないか」ではなく、「本を出版して売って生活できる人間になる」ということです。

まさか「私にそんな実力が……」と渋る私に、上念さんは「今まで十五年くらい実力を蓄えてきたんだから、お前は凄いんだよ」と後押ししてくれました。そして、上念さんの下で修業に励むこととなります。その修業の一つが、「一通りの経済学を身に着けること」です。上念さん曰く、「本を書くにしても、講演でも、経済を語れないとビジネスの世界では舐められるから」でした。右も左もわからない私にとって、上念さんの言葉は神の言葉。信じて、ひたすら言われたとおりにしました。

経済学を学ぶといっても、日本式に手取り足取り教えてもらう訳ではなく、欧米式に「上念さんが指定する著書を片っ端から読む。そして次に会った時にディスカッションし、問題点を直す」の繰り返しです。一カ月は、課題図書を毎日読みました。

そのディスカッション（というより日常会話）の際に、誤りを指摘された記憶はありません。それは私の呑み込みがよかったというよりは、あまり深いところまで理解が及んでいなかったので、「結論はそれでいい」という対応をされたのでしょう。私は今も経済学の深いところに理解が及んでいるとは言い難いですが、多読を通じて本質を摑んでいたのだと思います。というのは、経済学を真面目にやれば根拠は常に複雑でとらえどころがないのですが、結論を一言でまとめると簡単なことが多いのです。

本書は、その簡単な一言の根拠を一通り説明している本だと理解してください。

上念さんに指定された著書名は覚えていないのがほとんどですが、著者名は覚えています。浜田宏一、岩田規久男、若田部昌澄、田中秀臣、髙橋洋一、安達誠司、村上尚己、飯田泰之といった方々のご著書です。ここに、黒田東彦、本田悦朗、原田泰、野口旭、片岡剛士といった方々を加えれば、いわゆる「リフレ派」のエコノミスト勢ぞろいです。

なぜ著者名は覚えていても著書名を覚えていないかというと、本質的に同じことを書いているからです。もちろん、皆さん学者ですから多くの点で言っていることは違うのですが、「デフレの時に恒久大衆増税など不可」という点では一致しています。日本では「リフレ派」というと異端の経済学の如く扱われますが、世界的にはごくごく普通の事を言っているだけです。今の日本で主流の「いついかなる時も歳出削減」「国家予算は、歳出が歳入を超えてはならない」「国の借金一〇〇〇兆円、子孫に負担を残してはならない」などといった化石のような理論が罷《まか》り通っているほうがおかしいのです。だから、ここに挙げた先生方の何人もが、「自分は国際標準で普通の経済学を説いているだけで、リフレ派などと括られても困る」と仰います。

本書で語るのは、いわば「一か月だけ真面目に勉強したら身に着く経済学の本質」です。私は一か月かかりましたが、こうして一冊の本にまとまっているので、皆さんは数時間で大丈夫でしょう。

さて、私は幸い憲政史家を名乗り、自らの著作を世に送り出して生きていける身分になりました。またこの十年、インターネットのテレビ番組に出演したり、講演をしたりという機会に恵まれました。その過程で、本書でご紹介するような経済学の知識、あるいは日々刻々と動いている経済情勢を読み解く力が、どれほど役にたったたか。

現在、私は一般社団法人救国シンクタンクの理事長兼所長を務めています。文字通り、「救国のシンクをタンクして、提言・普及・実現していこう」とするシンクタンクです。「救国」を掲げる以上、経済問題を避けて通れません。また、色んな場所に招かれる機会も多いのですが、その時に経済情勢を何も知らないでシンクタンクの所長を名乗る訳にはいきません。

その救国シンクタンクの活動の一つで、国会議員の現役秘書さんたちが超党派で勉強会（現代政治勉強会と言います。略して現政会）を作っていて、将来は政治家を目指している方々の集まりです。毎回、私が何か講演をした後で情報交換をするのですが、本書の土台は現政会での発表です。そこから大幅に加筆しましたが、本質的には一時間で理解できる内容です。

その代わり、「政治家ならば、マクロ経済に関して、これくらい知っておいてほしいという内容だ」とお断りしてから話しました。

政治家になれば、官僚の皆さんが「ご説明」に訪れます。膨大な資料を揃え、「ポンチ絵」と言われるパワーポイントで綺麗にまとめられた図を使いながら、小難しい専門用語を駆使して自分の役所の利益に誘導する。この「ご説明」が達人的に上手いのが、財務省です。

ある日の出来事です。ある愛国的な議員にご説明に訪れた財務省の官僚が増税の必要性を説いたところ、その議員が「今、民のかまどに煙は立っているか？」と質問したとか。仁徳天皇は民の生活が苦しい時、六年もの間、無税を貫かれたとの故事です。もちろん、「増税できるほど景気は回復したのか」の意味です。

財務官僚は当然、議員の思想傾向なんて承知の上ですから、この手の質問は想定の範囲内です。「そうおっしゃると思っていました」とばかりに、膨大な資料を並べて、「民のかまどに煙は立っている」と立証、議員は何も言えなくなりました。この話、当の議員から「あの人たち、もう景気回復したって言うんですよね」と、お聞きしました（一部フェイクをいれています）。

政治家が言いくるめられた結果、どうなったか。平成二十五（二〇一三）年、自民党の九割、公明党の全部、当時の野党第一党・民主党の幹部全員、財界三団体、連合、六大新聞と系列在京キー局、そして官僚機構の総意が「消費税を八％に増税しよう」と迫り、当時の安倍晋三首相は抗することができませんでした。結果、絶好調だったアベノミクスは急速にしぼみ、一〇％への再増税は延期するなど多くの施策によって緩やかな景気回復を取り戻しましたが、しょせんは緩やかな回復にすぎません。初期の爆発的な景気回復には二度と戻りませんでした。

政治家たるもの、総理大臣でなくても、「デフレ脱却前に恒久大衆増税など絶対に不可」くらいの理屈はわかっていてもらわねば困るのです。

と言っても皆さん、どこでどう勉強して、誰の言うことを信じてよいかわからないというところではないでしょうか。それでエコノミストでもなんでもない私が、経済学の基本原理を説き、経済情勢の読み方を教えねばならない状況となっています。

去年だって、「悪い円安」「さっさと金融緩和なんかやめてしまえ」「黒田は十年も日銀総裁をやって、何をしているんだ」の大合唱でした。では、金融緩和をやめてよいのか、たいていの人は判断できないと思います。また、アベノミクスの中核である金融緩和が何なのか、熱狂的な安倍支持の政治家でもわかっていない人が圧倒的多数ですから。

ここで、「政治家はバカだ。何もわかっていない」と断罪するのは簡単です。また、「投票に行ったって世の中が変わる訳でもない」とニヒルを気取るのは結構です。では、その結果、何が待っているでしょうか。

利上げ、増税、規制強化です。ローンの利子は上がり、税金は容赦なく上がり、無駄に行動を制約される。そして、どんなに働いても給料が上がらない世界です。

民主国家の政治家は、国民から預かった税金の使い道を決める人です。

実際に予算を使っているのは官僚であり、その予算を差配する財務省が日本国の最強官庁であると言われています。税金を集めるのは主税局、使うのは主計局。どちらも財務省の部局です。強大な権力を握っています。

官僚は国民に権力を振るう。だから国民は選挙で政治家を選び、国会に送り出して、政治家を使って官僚を監視する。つまり、政治家の仕事のうち官僚を監視することが最も大事なのです。

しかし現実には、税金の使い道について政治家が財務官僚より詳しくなるということはありえません。政治家は選挙で選ばれなければなりませんので、有権者の支持を得て、それをつなぎとめておくのが最も大事。それがいいか悪いかは別として、制度として、現状として、現実です。選挙の片手間に政治をやらなければならないのに、国政の場合、膨大な政治問題がある。そのひとつひとつに関してすべて知っておけというのは酷な話です。

しかし、「このくらいのことも知らないと、失脚したり、政権を失ったり、本人が恥ずかしい思いをしますよ」というのが、この本です。

これからの時代に生き残るための経済学

目次

第一章　経済がわかる第一歩は「センスを身につけること」

第二章　最低限押さえておきたい経済学の潮流

第三章 なぜ経済学に基づいた議論ができないのか

第四章 戦後日本経済政策の何が正しく、何が間違っていたのか

終章 日本銀行とは何か？ すべてである

おわりに——経済政策の誤りは多くの人を殺す

第一章

経済がわかる第一歩は「センスを身につけること」

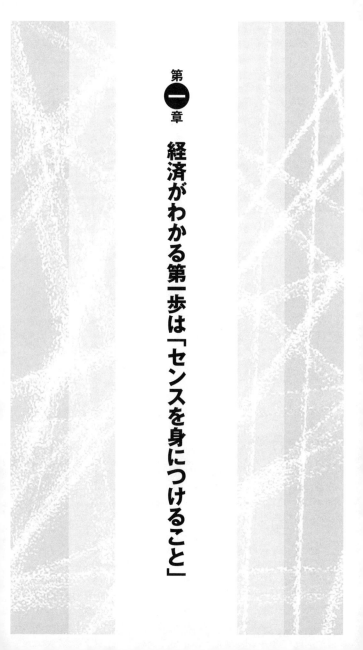

政治家はどこまで経済を知らねばならないか

政治家のコンプレックスを象徴するようなエピソードがあります。

二〇一〇（平成二十二）年一月二十六日の参議院予算委員会で、菅直人財務大臣の話です。当時は野党だった自民党の林芳正氏に、「子ども手当の乗数効果はいくらか」との質問を受けました。菅財務相はトンチンカンな答弁をし、同僚の長妻昭厚生労働大臣も仙谷由人国家戦略担当大臣もまともに答えられませんでした。そして、「乗数効果は、高校生が学ぶ、きわめて初歩的な経済理論なのに民主党の経済閣僚はわかっていない」と揶揄《やゆ》されました。

民主党に政権担当能力がないことが、公衆の面前でバレてしまった瞬間でした。テレビで生放送されています。国会中継など誰も見ていませんが、ネット世論が取り上げ、大騒ぎになります。当時は「反民主党」というだけでウケる時代でしたから「ほれ見ろ。民主党ってこんなにレベルが低いんだぞ！」と拡散されます。そのうち地上波でも取り上げられて、民主党は何もできない人たちの集まりであるというイメージが全国民についていきました。

この場合、菅直人の何が罪深いか。

「菅直人が乗数効果ごときを知らなかったこと」と思ったら、あなたは官僚の罠に嵌《は》まっています。

菅財務大臣は「そんなことも知らないのか」と責められましたが、正直なところ「乗数効果」ってそんなに有名な概念でしょうか？

ちなみに高校生用の『用語集 現代社会＋政治・経済（'22―'23年版）』（清水書院、二〇二二年）によると、以下の通りです。

乗数理論　投資支出の一単位の増加から波及して、乗数倍だけ国民所得が増加することを説明する理論。国民所得がある水準のとき、投資支出が1兆円増えたとする。その1兆円は、必ず誰かの所得となり、貯蓄か消費に回される。ここで、1兆円のうち80％が消費されるとすれば、今度は0・8兆円が次の誰かの所得になり、さらに同じく80％が消費に回されれば、0・64兆円が誰かの所得となる。この過程が無限にくり返されれば、最終的には5兆円だけ国民所得が倍加する。つまり、所得が一単位増えたとき、そのうちどれだけを支出するかをc（この例では、0・8）とすれば、1／（1－c）を、最初の投資支出増加分に掛けた額だけ国民所得が増加する。このとき、1／（1－c）を乗数とよぶ。

たしかに高校生用の教材にも載っていますが、高校で教わる国・数・英・理・社すべての分野の知識を間違いなく習得し、覚えている大人がどれくらいいるでしょうか。

政治家に「あらゆる専門用語を知っておけ」というのは無理な話。経済が大事なのはわかるけど、政治家は経済のことだけ考えているわけにはいかないのです。

菅直人財務大臣と民主党政権の致命的な誤りは、何かを知らなかったことではなく、その後の対応です。

メディアからは「こんなことも知らないのか」と煽《あお》りたてられ、官僚からは「政治家なんて、結局、オレたち抜きでは何もできないんだ」とバカにされる。それがよほど悔しかったのか、以後、菅直人は財務官僚の軍門にくだってしまいました。脱官僚政治を掲げて政権についた民主党だったのに、官僚の言いなりになり、すっかり依存するようになったのです。

これこそが罪深い。

そもそも、政治家は何をどこまで知っていなければならないのか。官僚はその道の実務の専門家だから、官僚です。なんだかんだと二十四時間三百六十五日、その仕事に取り組んでいるのです。言っちゃあ悪いですが、選挙の片手間に勉強して、太刀打ちできる訳がない。

政治家と官僚の関係で、政治家は官僚の言うことをどこまで知っているかで、面白いエピソードがあります。異能の官僚として有名な髙橋洋一さんのお話です。ジャーナリストの長谷川幸洋さんが書き残しています。

あるとき、髙橋に聞いたことがある。

「洋ちゃん、本当のところ、竹中さんはあなたの話をどれくらい理解しているの？」

答えがふるっていた。

「長谷川さん、あの人はすごいよ。ぼくがフルで話して、8割くらいわかっているんだから。さすが経済学者だよ」

長谷川幸洋『官僚との死闘七〇〇日』（講談社、二〇〇八年）二六頁

竹中とは、小泉純一郎内閣に民間から入閣（後に参議院議員に当選）、経済財政担当大臣などを歴任した竹中平蔵さんのことです。竹中さんが髙橋さんの話を本当のところどれほど理解しているのか、実は〇％に近いのにわかったフリが上手かったのか、逆に一〇〇％わかっていたのに、部下の髙橋氏をその気にさせるためにワザと二〇％を外していたのか。本当のところはわかりません。

急に話は飛びますが、鎌倉幕府を開いた源頼朝には、大江広元という有能なブレーンがいました。鎌倉幕府の公式歴史書である『吾妻鑑』には、広元が随所で幕府の根幹となる政策を主唱する様子が登場します。実際、頼朝にも多くの提言をしたでしょう。

では、頼朝が広元の言っていることを、どれほど理解できたか。間違いなく一〇〇%だったとは思えません。この世で誰も見たことがない「幕府」です。考えついた広元が偉いのであって、それを頼朝が一〇〇%理解できなかったとしても、頼朝の偉大さはいささかも損なわれません。なぜなら、それを実現したのは、頼朝だからです。

大江広元

ブレーンにできることは「何をすればよいか」を提示すること。政治家の仕事は実現することです。そして頼朝は、広元の言うことを細部まで完全に理解していなくとも、間違いなく本筋は摑んでいました。

最近の政治家は、官僚のご説明を何%理解できるかで、優秀さを競っているようなところがあります。何の意味があるのでしょう。

もっとも政治家にレクチャーする時、「そこからか！」と叫びたくなる時ほど悲しいこともありませんが。

官僚だって何でも知っている訳ではない

わかりやすくイメージしやすいように、警察でお話ししましょう。警察を司る大臣は国家公安委員長です。

では、国家公安委員長が、凶悪犯の逮捕の仕方に関して、官僚よりも詳しくなければならないのでしょうか。そんな訳はありません。だいたい、当の警察官僚だって、実際に凶悪犯の逮捕なんかしません。実際に現場の仕事を行うのは、ノンキャリアの官僚。この場合は現場の刑事です。凶悪犯の逮捕の仕方を知らないのは、政治家もキャリアと呼ばれる高級官僚も同じです。

この事情は、財務省でも同じです。財務省のキャリア（幹部候補の高級官僚）にしても、ノンキャリ（その他の職員）に依存しています。局長～事務次官と出世するキャリアが、税務署の職員より税に詳しいなどありえません。予算を司る主計局にしても同じ。財務省主計局には司計課と呼ばれる部局があって、原則としてノンキャリしかいない課です。本当に国家予算を隅々まで知り尽くしているのは、この人たちです。

冗談で、「記者会見で政治家の大臣が質問に答えられないと、後ろの事務次官を振り向く。次官が答えられないと横の局長を振り向き……最後に振り向いた人は壁しか見えない」と言われます。実際にはそんなことはありません。基本的に大臣が答えられるように想定問答を仕込むのが高級官僚の仕事ですし、仮に大臣が答えられなくても次官がカバーすれば終了です。

実際、「国民福祉税」をぶち上げた細川護煕首相は記者の質問に何も答えられず、横にいた斎藤次郎大蔵事務次官がすべて答えると言う場面がありました。もっとも、官僚が答えに困るような鋭い質問を記者が繰り広げた場面を思い出せませんが、聞く方の勉強不足でしょうか。

閑話休題。

今の日本では、政治家がだらしないから、キャリア官僚が政治家の役割を担っていて、本来の官僚の仕事はノンキャリが行っているという本末転倒の状態にあります。政治家が本来の仕事をこなしていたら、キャリア官僚などいらないのです。

ところが、菅直人氏はじめ民主党政治家は、官僚に対抗できる知識を何でもかんでも知らなければいけないという強迫観念に駆られてしまいました。それこそが官僚の付け入る隙でした。

そう言えば東日本大震災の時、菅直人首相は「俺は原発に詳しいんだ」と細かいことまで現場に自分の意見を押し付け、大混乱させたと批判されました。本当に原発に詳しいなら、誰がその時点で現場の責任者としてふさわしいかを見極め、「俺がすべての責任を持つから、全権を委ねる」と指揮をとらせれば良かったのです。

このあたり、ヨーロッパのサッカーチームなど徹底していて、オーナーはチームの指揮を監督に任せたら、二つのことしかできないとか。一つは説明を求めること、もう一つはクビにすることです。任せて文句があったらクビにする、専門家でもないのに知ったかぶりで現場に介入しない、がリーダーのあり方です。

それはそうと、「乗数効果」の騒動の後、財務省は「菅直人の洗脳に三カ月、野田佳彦の洗脳に三日、安住淳の洗脳に三時間かかった」と言われます。期間に関しては諸説ありますが、民主党の歴代財務大臣です。菅さん野田さんと、連続して財務大臣から総理大臣になりました。安住さんは首相になっていませんが、民主党政権がもう少し続いていたら野田さんの次は安住さんだったでしょう。民主党の幹部こそ、財務省をはじめとする官僚に依存しきるようになりました。

ところで、乗数効果を知らない件で菅直人財務相は吊るし上げられましたが、当時の民主党の部会で金子洋一参議院議員からナイルについて聞かれて、日銀の幹部が何のことかわからなかったとか。「まさかエジプトのナイル川かと勘違いした訳ではあるまい」と、聞いた金子議員のほうが驚いたとのことですが。ちなみにＮＡＩＲＵとは、Non-Accelerating Inflation Rate of Unemployment。インフレ非加速的失業率のことです。

政治家が専門用語を知らなくてアウトなら、日銀幹部だってアウトだと思うのですが、そこは許されるという不思議な文化があります。

民主党政権のダメなところは星の数ほどありますが、金子さんのような経済通の議員の意見をまるで取り上げず、財務省に言われるままに経済政策を間違えたところでしょう。

民主党がいろいろな意味でひどすぎて、国民は結局、「やっぱり自民党と官僚でなければダメだ」と思ってしまったようですが、実は、自民党にも、とても政権担当能力があるとは言えないし、日銀にもない。事実上、日本を動かしているキャリア官僚にしても、細部がよくわかっているわけではないし、細かいことをよく知っているノンキャリア官僚は自分の専門のことしか知らないので大所高所から物事を判断するということはできない。そもそも筋から言ってキャリア・ノンキャリア問わず、官僚が政治を担当するべきではありません。

政治家が、官僚の作文を読んで、どれくらい理解しているかで点数をつけてもらって喜んでいる。選挙で選ばれている人が政治をやらないなら、選挙の意味がありません。

もう一度強調しておきますが、民主国家では政治は選挙で選ばれた政治家が行うものなのです。選挙が大変なのは理解しますが、それでも「政治家ならば経済のことをこのぐらいは知っておいてほしい」というのが本書です。そして、政治家に知っておいてほしいことは、国民であるあなたにも知っておいてほしい。そんな思いで筆を進めます。

経済学は難しいのか易しいのか——ミクロ経済学とマクロ経済学

経済学が難しいのか、簡単なのかと問われれば、両方です。真面目に考え始めると難しいことだらけです。ただし、本質を摑むだけなら、簡単です。

経済とは「経世済民」の略。「世を経《おさ》め、民を済《すく》う」と読み、「世の中を治める」を意味します。「民を豊かにする」の意味も含まれます。漢語の「経済」のもともとの意味は、今の我々が想像する「統治」に近い意味です。それを「Economics」の訳語として当てました。

「Economics」の訳語としての経済は、「世の中の資源（主にお金）の流れに対する学問」の意味です。

しかし、「世の中のお金の流れ」すべてを知ることは、人間には不可能です。だから、一部を取り出して、「こんなものだろう」という指標をつくり、論理を組み立てて仮説を提示する学問なのです。

たとえば物価です。世の中に溢れているモノの値段を高いと感じるか低いと感じるかを表す言葉です。お買い物をする時に「高いな」と感じると物価が高い、「安いな」と感じると物価が低い、のように使います。では、この物価はどのようにして決まっているのでしょうか。

エコノミストが最も重視する物差しが、消費者物価指数（ＣＰＩ）です。細かいことを省きますと、主な六〇〇の品目の値段を調べ、過去の数字と比べてモノの値段が上がっているか下がっているかを割り出します。我が国は、変動が激しい生鮮食品の価格を除いたコアＣＰＩ、さらに食品とエネルギーの価格を除いたコアコアＣＰＩを使っています。普通の国は、食品とエネルギー食品の価格を除いた物価指数をコアＣＰＩと呼んでいるので、混乱することしきりですが。さすがに日銀は、世界標準のコアＣＰＩを重視しています。

それはさておき、仮に六〇〇の品目を調べても、森羅万象の経済活動の中では一部です。その一部を取り出して「だいたいこんなものだろう」と割り出すのですから、完全無欠な訳がなく、どうしてもズレが生じます。それでも可能な限り現実を説明しようとする学問が経済学なのです。この「六百の品目を取り出して理論化する」という作業は、見えないものを見えるようにする作業なのです。

ざっと「モノの値段が上がっている」「いや、下がっている」という程度に摑むのは簡単ですが、本気で世の中の動きを説明しようとしたら無限大に難しくなるのは、おわかりでしょうか。

本書が扱う範囲は、「本質を摑んで一通りの説明をする」です。今が景気のよい状態なのか悪い状態なのか。その結論の根拠は何なのか。くらいの話です。

さて、経済学には、大きく二種類あります。「ミクロ経済学」と「マクロ経済学」です。

この二つはどう違うのでしょうか。経済用語辞典によるとこんな感じです。

ミクロ経済学：micro-economics　微視的経済学。企業とか家計など個々の経済主体に焦点をあて、それらの経済行為が主にいかなる原理に従っているかを分析する経済学分野をさし、一般に価格分析を中心とする。

マクロ経済学：macro-economics　巨視的経済学。個々の経済主体の動きを集計的な経済量を使って明らかにすることを主たる目的として構成された経済理論。

『英和和英　経済用語辞典』（富士書房、一九八〇年）

これでわかりますか？

最近では、ビジュアルを駆使して易しく解説した用語集も出ています。それによると、家計や企業といった、小さな単位の行動や意思決定を扱う経済学をミクロ経済学といい、国や地域全体のような大きな視点から、消費や投資はどう決まるのか、政府は何をすべきか、経済のメカニズムを分析する学問がマクロ経済学とのことです（花岡幸子『経済用語図鑑』ＷＡＶＥ出版、二〇一六年）。

物価や雇用、インフレ、国際収支、経済成長などについて論じるのはマクロ経済。本書でお話しするのは、このマクロ経済です。個別具体的な話は、基本的にはしません。

言葉の感じから、「マクロは大きい、ミクロは小さい」と捉えると、わからなくなります。

一九九七（平成九）年に、大手証券会社の山一證券が廃業して大変となりました。巨大企業の倒産です。しかし、どんなに大きい会社の倒産でも一企業の話であって、国の経済活動全体の問題ではありませんから、ミクロ経済学の範疇です。そもそも、経済（世の中のお金の流れ）の全体から見れば、どんな巨大企業の動きもミクロです。

我々は「山一證券の倒産」を目の前で見ています。それに対し、「経済」を見た人は、この世に一人もいません。

あるジャーナリストが「取材して経済がわかった」と言い出したことがあり、アゴが外れたことがありました。たとえば、何度も引き合いに出して申し訳ないですが山一證券を綿密に取材して状況を確認する」などは、優秀な取材の一例でしょう。しかし、「経済を取材する」って、どうやって？

もう一つの、よくある勘違いです。「経営者の経済知らず」です。この場合の経済とは、もちろんマクロ経済のことです。

黒田東彦総裁時代の日銀は「異次元の金融緩和」を行いました。市場にはジャブジャブとお札が流れ込んできます。お金の価値が下がります。銀行にお金を預けていても価値は下がり続けるだけですから、利子は低いままになります。銀行は困ります。さらに、黒田日銀が金融緩和をしていた十年のうち、ほぼすべての期間において、「銀行が金を借りてくれと言っても、借りてくれない」という状況でした。なぜでしょうか。現場の企業の人は、「そんなこと言われても余裕がないよ」と答えるだけでした。例外もありますが。

実際、そうした設備投資に二の足を踏む企業のバランスシートを見るとギリギリでしのいでいる状況で、銀行からお金を借りて設備投資をするチャレンジになど踏み込む勇気はない、ということはしばしばです。つまり、銀行が金を貸したいのに借りてくれない。

そこへ、二〇二二年以降は円安に物価高です。金融緩和は円安を伴うので、「さっさと金融緩和を止めてくれ！」の大合唱でした。

さて、経済学の知見抜きに、この現象を説明できるでしょうか。おそらく、現場の人に何人も取材しても、何の答えも得られないでしょう。「経済」という巨大な現象の、ごく一部を知っているにすぎないので。しかし、「インフレターゲット」という言葉を知っていれば、簡単に説明できます。結論だけ言うと、「黒田日銀の金融政策の要諦はインフレターゲットだったけれども、その肝心のインフレターゲットの効果が減殺された」です。では、なぜ減殺されたのか……を話し出すと長くなるので、後の章で。

要するに、マクロ経済はいくら現場に取材したところで実態がわかる訳ではない。ある程度のあたりをつけて推理するしかないのです。ただしあてずっぽうではなく、経済学の蓄積による知見に基づいて。

ところで、ミクロ経済とマクロ経済がまったく関係ないかというと、そうでもありません。また、ミクロ経済学的によくてもマクロ経済学的には悪い、あるいはその逆で、マクロでよくてもミクロで悪いこともあります。

ミクロとマクロで善悪が逆転？

高橋是清（一八五四〜一九三六）は日銀総裁や大蔵大臣を経て、一九二一（大正十）年に総理大臣となり、二・二六事件で暗殺される人です。首相としてはパッとしませんが、蔵相として日本の経済を立ち直らせた手腕はたいしたものです。この高橋が経済の本質についてひらめいたきっかけとして、有名な話があります。

芸者遊びは、善か悪か。

遊び回る男の、家族にとっては悪です。「稼ぎを家に入れず、家族をほったらかしにして、そんな遊びに使うな」でしょう。しかし、外で金を使う親父がいるから、経済全体が回るとも言えるわけです。その家庭にとっては悪かもしれないけれども、経済全体にとっては決して悪いこととは言い切れない。

もっと現代的で身近な例を言いましょう。

最近（二〇二二年秋）、物価が上がっています。そこで「給料が上がらないのに物価高、岸田、何とかしろ！」みたいなことを言い出す人もいる。結論から言うと大賛成ですが、ここで岸田さんの悪口を言っても仕方がない（笑）。

私の近所でも、行きつけの食堂が定食を一〇〇円値上げしました。老夫婦が経営する店で、「仕入れ値が高騰して、本当に心苦しいんですが」とものすごく申し訳なさそうにしていました。

ところで、食堂の定食が七〇〇円から八〇〇円になったことは、果たして悪いことでしょうか。物の値段が上がらないと売り上げが増えず、稼ぎも増えないのではないでしょうか。

物価が上がることは、一見、悪いことのように見えて、経済全体としてはいいことかもしれないのです。仕入れ値が上がったということは、仕入先は儲かっていることになり、儲かったお金で食堂に来て食べてくれれば、飲食店の夫婦もまた儲かるという好循環が生まれます。

残念ながら給料が上がるのは最後になることが多いので、生活者として物価高騰はきつく感じるかもしれません。しかし、好景気になれば巡り巡って、最終的に生活は楽になるのです。

マクロ経済は見えないもの、ミクロ経済は見えるものを扱うと言い換えてもいいでしょう。

今、自分が損をすること（見えるもの）と経済がよくなること（見えないもの）は全く違うという場合が多々あります。

円安になると輸入品は高くなります。それで「悪い円安」などと言われたりする。ボクシングの元世界チャンピオンであるフロイド・メイウェザーが来日中に豪遊したり爆買いしたりしているのを見て「円が安いからドルで買い叩かれて、ムカつく」のように言う人もいます。でも、別の見方をすれば、メイウェザーが大金を日本に落としてくれているということです。モノが売れているのですから、喜ぶべきことではないでしょうか。

かつてはモノが売れずに輸出業界がひどく悩んだはずなのに、どちらに転んでも悪く言いたがる人達が多くて困ります。

大昔、重商主義の時代は、貿易赤字は負けという考え方でした。今でも重商主義者が、あちこちに健在のようです。経済は、誰かが勝って誰かが負けるというような単純な勝ち負けの話ではありません。
儲かれば勝ちなのが経営でしょうが、マクロ経済では、社会全体を見なければならないのです。

国と個人は違う

国の借金が膨大であるという話をよく聞きます。

財務省は十日、国債と借入金、政府短期証券を合計したいわゆる「国の借金」が六月末時点で一二五五兆一九三二億円だったと発表した。三月末から一三・九兆円増え、過去最多を更新した。国民一人あたりで単純計算すると、初めて一〇〇〇万円を超えた。債務の膨張に歯止めがかからず、金利上昇に弱い財政構造になっている。

『日本経済新聞』二〇二二年八月十一日付

昔から「国の借金がこんなにある。国民一人当たり、うん万円。大変だ。なんとかしなくては～」の一本調子で、耳にタコです。最近では反駁の声も大きくなってきて、ウソを信じない国民も増えていますが、まだまだ根強い信仰です。

政府の借金とは、現代日本の場合、国民からの借金です。

詳しくは第三章でお話ししますが、たとえるなら「倉山満事務所が倉山満からの借金を返さなければならないか」という問題に似ています。

倉山満事務所というのは、倉山満という人が過半数の株式を有するオーナー企業です。倉山満事務所が、モノを購入し、領収書をもらい、倉山満が払います。それを繰り返すと借金がつみ重なり、事務所は倉山満から多額の借金をしているという状態になります。それ、返さなければいけないのでしょうか。自分で起業してみて、はじめてわかったことですが、財布が二つになるだけです。一応、法律上は定期的に借金を返さねばならないのですが、ボーナスみたいなものです。オーナーの倉山満さんは、また倉山満事務所にお金を貸してあげています。

個人と会社では経済的感覚が異なります。まして国の経済に個人の感覚を持ち込むと、ロクなことがありません。そして敵はそんなことは十分承知で「個人の感覚」に訴えてくるのです。十分に注意しましょう。

ちなみに、戦時中に東條英機という愚かな総理大臣がいました。この人の愚かさ、挙げ出したらキリがないのですが、さんざん「これは戦争に勝つためだ！」と国民に無理を強いながら、負けてしまいました。その東條は、戦費を賄《まかな》うために国債を発行しました。実に愚かです。その時の東條内閣が作った国債購入を国民に呼びかけるプロパガンダ映画の口上です。「国民の皆様、政府は今、世紀の大戦争を行っています。巨額の戦費が必要です。政府が国民の皆様から借金をしたいと国債を発行しています。愛国者の皆さんは、購入しましょう」です。

アホの東條でも、嘘はついていません。「国債とは政府の借金で国民の債権」だと、正直に言っています。

今の財務省のように「国債は国民の借金だから、増税します」とか、大嘘は言いません。それ、お金を借りといて「返すからカツアゲ」って言ってんのと同じです。

現代において、国は原則として滅びません（ロシアの片手間の中国の片手間のイギリスの片手間にアメリカに喧嘩を売るくらいの無茶苦茶をやれば、知りませんが）。

滅びないから、国は政府の信用でお札を発行します。また、国民から税金を取ることもできます。

これ、個人でたとえると、お札をいくらでもコピー機で再生産できるのと同じです。カツアゲも可能ということです。

個人がお札のコピーをしたら犯罪ですし、カツアゲも言うまでもない。でも国家はお札を刷ってもカツアゲをしてもよいのです。もちろん条件はありますが。

国と個人は違うのです。何でもかんでも個人の感覚、家計にたとえると、経済を間違えます。

本質をつかもう！

渡辺美智雄（一九二三〜一九九五）は外務、通産、大蔵、農林水産、厚生大臣を務めた人で、息子も政治家だった喜美氏の父です。庶民的な語り口で、マスメディアにもたびたび登場しました。ミッチーの愛称で呼ばれ、大変に人気があった政治家です。

ミッチーさんは経済学の基本を知った上で難しい用語を使わずに選挙民と話をしていました。総理大臣になることはありませんでしたが、「一度はミッチーさんに総理大臣になってほしい」との声は、当時、多かったものです。

息子である渡辺喜美さんも、お父さんの気さくさを受け継いで話上手。やはり難しい話をしないで人の心を摑みます。いや、喜美さんは難しい話をまぜながら、うまく人に聞かせているようなところすらあります。

世間話をするのにも、経済学を知っていると知らないとでは大違い。知っていると、ちょっとした話をするのにも説得力が出てくるものなのです。知った上で、ひけらかさずに、話す。立派な政治家になるための秘訣ですね！

物価とは特定のモノの値段を調査して、はじき出しているモデルです。この世の森羅万象の全ての動きを摑むことは神でない限り不可能なので、おそらくこの程度のものを取り出しておけば大きく外れずに全体の概観がつかめるだろうと見当をつけるのがマクロ経済学。鉛筆や消しゴム、魚や野菜がいくらで売られているかなど見えないし、適正価格になっているかなど、本当の意味では判断できない。それを仮に見える化して判断するのがマクロ経済学です。そのため、理論は複雑、データは巨大なのですが、本質をつかんでしまえば、そう難しくはありません。

渡辺美智雄さんが経済の「け」の字も知らない行商人に向かって、わかりやすく話すことができたように、本質をつかめば、やさしくまとめきることができるのです。

政治家やそのスタッフが選挙区で経済学の話をすることはほぼありません。アダム・スミスやらジョン・メイナード・ケインズやらの名前を出したところで票が減るだけです。しかし、経済状況が悪ければ巡り巡って国民のお財布に響くわけで、経済理論を政治家がわかっているかいないかで国の行く末は大きく変わってきます。

経済を知らなくても集票マシーンとなって選挙で当選すれば政治屋にはなれますが、国家百年の計を立てる大政治家にはなれません。しかし、経済に無知蒙昧な政治家が、まかりまちがって、一国を動かす立場に立ってしまったら、そのときは国を滅ぼすことになるでしょう。

経済は見えない

経済学は確かに、まじめにやれば難しい。しかし、本質を摑むのは、そこまで難しくありません。結論だけなら簡単な言葉でまとめられることが多いのです。

プロのエコノミストになるのならともかく、教養としての経済学を身に着けるには、ある程度の割り切りが必要です。「どうせ、この世の経済的現象のすべてを正確に説明するなど、人間には不可能だ」「だからこそ、本質をはずしてはならない」と。

本章では、「経済」「経済学」についての、ザラっとしたお話をしました。

結論から言うと、「経済は見えない」。だからこそ、「経済学は、可能な限り経済を説明しようと悪戦苦闘している学問である」です。経済学、本書で特に説明するマクロ経済学は、その説明のために蓄積された手法です。

ところで、「経済学って、意外と歴史が新しい」って知られていないようです。

第二章 最低限押さえておきたい経済学の潮流

竹中平蔵って、そこまで大物か？

岸田文雄首相は、自民党総裁選に立候補する際、「新自由主義からの脱却」を掲げました。その「新自由主義」の定義がよくわからないのですが、日本では「竹中平蔵のやったようなこと」くらいの意味しかありません。

なぜ、こんな訳のわからない主張を掲げたか？

政界では、「竹中平蔵の悪口」は、与野党問わずウケるのです。

ある日のことです。某野党議員が「竹中平蔵的な新自由主義からの脱却を求めます」と演説したら、与党席から拍手喝采だったとか。

この言説、というか時流、正当なのでしょうか。

まず、「新自由主義」を批判する人に「じゃあ、普通の自由主義との違いは何ですか」と聞くと、答えが返ってきたことが一度もありません。せいぜい新自由主義とは、「竹中平蔵のやったこと」くらいの答えなのですから、そうなるでしょう。たまに「新自由主義とは、増税と規制緩和」と答える人もいますが、これでも普通の自由主義との違いは不明です。

さらにおちょくって「私は旧自由主義者ですが、新自由主義の仲間ですか」と聞こうものなら、相手の頭がショートして会話になりません。ちなみに「旧自由主義者」とは、「オールドリベラリスト」のこと。昭和十年代の官僚統制に対し、政治的経済的自由を掲げた人たちのことです。英語圏では「Classical Liberalist（古典的自由主義者）」と呼ぶのが通例のようです。この場合の自由主義が何なのか、極めて多義的なのですが、古くから言われてきた経済的自由主義は、本章でお話しするアダム・スミスを祖とする思想のことと考えられています。

話を先取りして言っておくと、長らくスミスの思想が経済学では主流でしたが、一九二九年の世界大恐慌を契機に、ケインズの思想が経済学では主流となります。スミスやケインズが何を言ったかは、しばしお待ちを。

そのケインズ的経済学に対して一九八〇年代に飛び出したのが、新自由主義です。学者ではミルトン・フリードマンやフリードリッヒ・ハイエクなどが理論化したのですが、政治家で推進したのはロナルド・レーガン米国大統領とマーガレット・サッチャー英国首相です。彼らは、金融緩和・減税・規制緩和を進めて市場に競争原理をもたらし、民の活力を高めることで国富を増やそうとしました。当時、共産主義国のソ連との冷戦が再激化したので、新自由主義による経済政策で国力を高め、政治的に力をつけようとしたのです。日本で追随したのは中曾根康弘。国鉄・電電公社・専売公社の三公社を民営化、今に続くJR・NTT・JTとなりました。

顛末を言うと、アメリカは、減税と規制緩和で絶好調の経済に。イギリスは減税と規制緩和の他に民営化を推し進めましたが、増税が命とりでサッチャーは退陣に追い込まれました。ちなみに金融緩和を最も進めたのが日本でバブルを謳歌しますが、金融引き締め・消費税導入と増税・規制強化で、いまだに経済は低迷中です。

ざっとここまでの流れで、「竹中平蔵が新自由主義の権化」と呼ぶのは、過大評価も甚だしいとお判りでしょう。「レーガン・サッチャー・竹中」って、小泉純一郎どころか中曽根康弘すら飛ばしている。格付け以前に、時代考証がおかしい（笑）。

ちなみに、小泉内閣の在任中に一貫して大臣として登用された竹中氏が日本の支配者であり、「当時の竹中大臣が派遣労働の規制緩和を進めたので格差社会が広がった」との都市伝説がいまだに流れています。竹中氏が務めた大臣は、経済財政担当大臣、金融担当大臣、郵政民営化担当大臣、総務大臣です。派遣法の所管大臣である厚労大臣は一度も経験していません。

小泉内閣は製造業への派遣規制を緩和しましたが、その時の大臣は公明党の坂口力です。

ちなみに二代前の小渕恵三内閣は派遣の規制を抜本的に緩和しました（その時の労働大臣は甘利明）が、なぜか叩かれるのは小泉・竹中だけです。思い込みかプロパガンダでしょう。

結局、小泉首相にとって民間人にすぎない（後に参議院議員になるが）竹中平蔵は、組織的基盤もないし絶対に自分に歯向かってこないので、「弾よけ」に使ったと言うことでしょう。

そもそも、規制緩和が新自由主義なら、今の日本では「毎日一個」規制が増えています。これのどこが自由主義なのでしょうか？　ちなみに小泉内閣は消費増税を封じ込めましたので、「竹中がやった増税と規制緩和が新自由主義だ」との説は、単なる事実誤認です。

しかし、思い込みとは恐ろしいもので、「竹中平蔵の悪口を言えば総理大臣になれる」世の中では、真っ当な経済学の知見は広がりそうにありません。

経済学四つの潮流

私はしばしば「政治が経済にできるたった一つの事は、民間の邪魔をしないこと。言い換えれば民間が経済活動をしやすい環境を作ることだけだ。だから余計なことをしないのが、唯一最大の仕事だ」と説きます。

すると「貴方は竹中平蔵みたいなことを言いますね」と茶々を入れられるので、「アダム・スミスという人の言葉ですが」と言い返すと、何も返事がありません。

ちなみに、「今みたいな不況の時は、政府は少しばかり民間の後押しをしてもよい」と考えるのが、ケインズです。

実はまともな経済学を突き詰めると、この二つの考え方に収斂《しゅうれん》されるのです。より正確に言えば、スミスの考えが基本で、不況の時はケインズのアイデアを使えばいい、くらいが本質です。

以上、高校生でも理解できる教養だと思いきや、日本国の政治家や要路者には通らない。政治家は官僚に頭を丸投げしてしまいますし、今やそんな政治家や官僚を叱り飛ばす財界人がいないので、官僚の言いなりになっている。その肝心の官僚がこの程度の教養がない。だから私がこんな本を書かねばならないのですが、日本の要路者のレベルの低さ、私程度の人間が頭を抱えるほどです。

それどころか、「政府は民間が成長し、貧しさから脱却できるまで責任を持って面倒を見なければならない」だとか言い出す始末。「それ、社会主義と言うのですが……」とめまいがします。

ということで、経済学の根本的な思想の流れをお話しします。スミスとケインズ、その二人の弟子筋のまっとうな学者の説を詳細に説明しても本筋を摑めると思えないので（そういうのは真面目な学術書をお読みください）、あえて間違った理論と比較しながら説明します。その間違った理論、相当に影響がありますから。

今ご説明した、「～面倒を見るしかない」とのたまう政治家の方が知らず知らずに社会主義的思考に陥っているが如く。

本書で扱うマクロ経済学の大きな流れは歴史的に大きく四つに分けられます。

その一　古代以来の前近代経済学
その二　自由主義経済学（代表者アダム・スミス）
その三　共産主義経済学（教祖創始者カール・マルクス）
その四　修正資本主義経済学（代表者ジョン・メイナード・ケインズ）

ちなみに、その三に見せ消しが残っていますが、誤植ではないので編集部に大真面目に電話をかけてこないようにしましょう（事実、他社でそういうことがあったので）。

その一　古代以来の前近代経済学――今となってはガラパゴス経済学

猿から人へ進化した時代から、長らく主流だった経済理論です。その要点は、一言でまとめられます。

「ここにパイがあります。どうやって分けますか」

前近代の経済学は、これでおしまいです。パイを富、お金や食料、資源の総体と考えてください。

コレ、古代以来、長く信じられてきましたが、すでに否定された古びた理論です。現代においては、「とある世界の辺境の島」でのみ通用する、終わった議論です。この島では主流の経済学ですが、この島でしか通用しないのでガラパゴス経済学とも呼ばれます。ちなみにガラパゴス諸島は東太平洋にありますが、「とある世界の辺境の島」は極東、すなわち西太平洋にあります。

二百年前に世界の文明国では否定された理論なのですが、すべてが使い物にならない訳ではありません。だから厄介です。

たとえば、『人口論』で有名なトマス・マルサス（一七六六～一八三四）なども、この考え方に基づいていたと言えなくもありません。

マルサス先生曰く、「人口は等比数列的に増大するが、食糧生産は等差数列的にしか増大しない」とのこと。何のことやらわかりにくいかもしれませんが、要するに「人間は一、二、四、八……と倍々に、等比数列的に増えていくけれども、食糧生産は一、二、三、四……と、足し算で、等差数列的にしか増えないから、人口過剰となり貧困はなくならない」とのこと。

マルサスは当時の世界事情・状況を固定したものとして捉え、技術や社会の進歩・変化をまったく無視しています。パイの大きさは決まっているのだから、そのパイの分捕り合戦になるとの前提での話です。厳密には少し増えると言っていますが、必要な量よりははるかに少ない程度しか増えないと決めつけています。つまり、増えていないのと一緒です。食料ほかモノを一生懸命作ったところで、人口がそれより速く増えるので追いつかないはずだと。

その発想では、よくても「少ないパイをどう分けるのが効率的か」と考えることになります。悪い場合は権力者が全部持っていく。既得権益者だけが儲かる。「それではいけない。

貧しいものにも分配を！」と訴えたところで、限られたパイの分け方を議論しているにすぎません。

今でも、こんな論調は耳にします。これでは徹頭徹尾、政治の話にしかなりません。いつまでたっても合理的な経済政策は出てきません。

このように不況を前提とする経済学が何千年も続いてきたので、それをおいそれと拭い去るのは難しいのかもしれません。

江戸時代、貨幣量や貿易額を縮小し、せっかく発展していた経済に混乱をもたらした新井白石（一六五七～一七二五）の政治は「正徳の治」と呼ばれます。「正しく徳のある政治」ですから、とてもいいことをしたかのような響きです。

江戸時代といえば、三大改革「享保の改革」「寛政の改革」「天保の改革」があります。学校で覚えさせられましたね。どれも商業資本を抑圧する政策ですが、「いいことをしたが、失敗した」ように教科書には書いてありませんか。個人の趣味で質素倹約にいそしむのは勝手ですが、国家がそれをやってはいけない。全然、いいことなどではありません。

ちなみに、徳川吉宗の享保の改革だけは三十年も続いて、長年に渡って過度なインフレに苦しめられたので、後年は路線転換しましたが、他は一貫して「経済を道徳で語る」「贅沢は敵だ！　質素倹約すれば金が貯まるんだ！」で一貫しています。「正徳の治」は七年、寛政の改革は六年、天保の改革は二年で終わりました。

江戸時代は、「元禄繚乱（一六八〇～一七〇九年）」「正徳の治（一七〇九～一七一六年）」「享保の改革（一七一六～四五年）」「田沼時代（一七六七～八七年）」「寛政の改革（一七八七～九三年）」「大御所時代（一七九三～一八四一年）」「天保の改革（一八四一～四三年）」と続くのですが、「元禄繚乱」「田沼時代」「大御所時代」が長く、景気がよい時代です。ところが、それらの時代が不当に低く貶められ、「正徳の治」と三大改革が異様に持ち上げられます。

間違った経済認識の結果です。

経済音痴の水野忠邦は何が愚かだったのか

水野忠邦は、失敗した「正徳の治」と三大改革の前の二つを模範としました。水野は「天保の改革」でインフレを抑制しようと、物価をむりやり下げようとしました。その結果どうなったか。江戸時代研究の大家の北島正元先生が簡潔にまとめてくださっているので、どうぞ。

統制が強化されるにつれて、業者の抵抗もしだいに巧妙になるのは当然である。物価を強制的に引き下げると、品質・計量をおとすのは、今も昔もかわらない商人の自衛の策である。たとえば豆腐をとれば、幕府が古来の定寸どおり、たて一尺八寸、横六寸の箱で九丁に切ること、焼き豆腐は九丁分を一二〇に切って一つ四文、油揚げは一丁を二二に切って一つ五文で売るように申し渡すと、業者は値段をそのとおり引き下げると同時に形を小さくしてしまった。

北島正元『人物叢書　水野忠邦』（吉川弘文館、一九六九年）三八七頁

水野さん、命令が異様に細かい！

不肖倉山がわかりやすくたとえると、政府が「豆腐を一丁一〇〇円から九〇円に値下げしろ！」と強制的に命令したら、商人たちは豆腐の大きさを九割にしたのです。材料を仕入れ、加工し、流通し、店頭で売って、それらの人件費は……などと必要な金額を加算して、「この値段で売らないと生きていけない」から、その値段で売っているのです。政府に強制的に「一割引きしろ！」と命令されたら、九割の大きさで売るしかない。

水野忠邦という人は日本中の商人が儲けようと欲得で値段を上げるから、政治の力で下げさせようと考えたのでした。実に愚かな。

この水野という人の何が愚かか。「経済に対し命令ができる！」と勘違いしていたことです。確かに、目の前の商人には命令できるけれども、経済には命令できない。そもそも経済は見えないですし。それをどうとでもなると思ったのが、水野の愚かさです。

江戸時代の水野に言うのは酷ですが、コイツは近代経済学のイロハを何もわかっていなかった。もっとも、水野より百年前の田沼意次という人は、あるいは新井白石のひとつ前の時代の荻原重秀という人はわかっていました。だから田沼や荻原は経済の流れを読み、「働きかける」「政治で可能な環境を整備する」に徹しました。

田沼や荻原が飛びぬけて偉かっただけで、水野を責めるのは酷だ、との理屈は百歩譲って受け容れましょう。当時の日本の平均的な政治家のレベルでは、「経済には法則があるのだから、政治が命令できない」が理解できないのは仕方ないでしょう。などとツラツラと考えていたら、こんなニュースが飛び込んできました。

岸田首相、経済団体に賃上げ要請「企業競争力に直結」

岸田文雄首相は５日、経団連など経済３団体の新年祝賀会で２０２３年春闘（春季労使交渉）に関し「インフレ率を超える賃上げの実現をお願いしたい」と要請した。「能力に見合った賃上げこそが企業の競争力に直結する」と訴えた（以下、バカバカしいので後略）。

『日本経済新聞』二〇二三年一月五日付

総理大臣たるもの、「経済をこれだけ成長させた。もう社員の給料を上げたって、みなさん平気でしょう」と呼びかけるものです。自民党の黄金時代である、高度経済成長期は、総理大臣に言われるまでもなく、企業のほうから進んで給料を上げていました。

言われた企業からしたら、「できたらやってるよ」の一言でしょう。ここで「アンタは日本経済の現状を知っているのか」と罵倒しても無駄です。経済学の知見、この本で説いた程度の素養がないと、何を言っても無駄なので。知見がない人間に「じゃあ対策をします」とか言われたら、次は「政府が責任を持って面倒を見ますので、増税のご負担をお願いします」とか藪蛇になるに決まっています（もう、なっているか……）。

これでは、「ウチの国の経済学は、天保の改革から進歩していないのか？」と天を仰ぎたくなります。しかし、天を仰いでも生活ができる訳ではないので、「上に政策あれば下に対策あり」で、平成時代には「ステルス値上げ」が大流行でした。「ポテトチップスの値段が変わらないのに、量が減っていた」という経験、ありませんか？　現代日本でもこの手の

「ステルス値上げ」は日頃よく目にしますので、天保の改革をあまり笑えません。

ついでに言うと、幕末の江戸幕府は天保の改革を、「目指す方向は正しかったけど、抵抗勢力に潰された」などと理想化して多くの改革を行いましたが、そのすべてが失敗。幕府が総力を挙げて長州一国に敗れる有様です。その背景には大阪商人などが徳川に呆れかえって、まともに協力しなかったからとか。

江戸幕府の頭が悪いのは、失敗した水野忠邦やその前の松平定信の寛政の改革を持ち上げてしまったことです。新井白石の正徳の治も経済政策では同じ系譜に入ります。その一方で、「元禄繚乱」の経済政策を推進した荻原重秀や「田沼時代」を主唱した田沼意次は極悪人扱い。今の日本の歴史教科書も、白石～定信～水野は正しくて、荻原や田沼は道徳観が欠如した極悪人の扱いです。しかし、薩長が幕府を倒して樹立した明治政府は、田沼の政策を実行したのですが。すなわち「富を増やし、国を強くする」です。

江戸幕府の掲げる理想が間違うこと、旧民主党の如し。いまだにあの党で政権を担った人たちとコアな支持者は、「我々がやろうとしたことは正しかったが、やり方が間違っていた」とか、訳のわからない総括をしています。あの党の後身の立憲民主党にもマトモな人がいるのですが、死ぬほど同情します。

その二　自由主義経済学（資本主義、自由主義）――代表者アダム・スミス

有史以来、何千年もの間、人類は「パイをどう分割するか」経済学でやってきました。富も資源も限られている。だから、その限られたパイを、適正に分割するしかない。と言っても、強い者、既得権益を持つ者が多くを奪い、多数の弱者は搾取されるだけになるのが世の常ですが。古今東西、どこもそうでした。

しかし、十八世紀の終わりのイギリスに、一人の革命的な天才が現れます。それがアダム・スミス（一七二三～九〇）です。スミス以前と以後で経済学がガラッと変わったものですから、「経済学の父」と言われます。まさに大英帝国が国力を増していく十八世紀に時を得た人でした。世界で初めて資本主義社会の構造を理論的に分析し、パイ自体を増やせば、誰もが幸せになれるということを体系化したとして、高く評価されています。

アダム・スミス

マトモな人が言う経済学とは、スミス以降の自由主義経済学のことです。今やガラパゴス経済学は、経済学として扱われません。「とある世界の辺境の島」ではともかく。

では、スミスの何が革命的に天才だったのか。

パイを増やせばいい！

これからいろいろとお話ししますが、要するにそういうことです。

ここで実話を。私が主催する倉山塾には、「倉教組」という、教職員の人たちだけが集まるグループがあって、毎日輪番でエッセーを投稿しています。名付けて「リレーエッセー」です。その中で、私から習った一人の先生が、左のような投稿をしてくれました。ご紹介します。

【公平を議論する】

「公平」ってなんだろうか？　と、子どもたちと考えました。

ケーキを、小さな熊2頭で分けて食べます。どう分けますか？　1／2ずつ半

分こにする。が大半でした。

そこに大きな熊が来て、三頭で食べることになりました。大きな熊は体が大きい。

どう分けますか？

1／3ずつ

大きな熊にはあげない

1／2を大きな熊、1／4ずつを小さな熊

色んな意見があがりました。

答えはありませんが、みんなが納得する方法を、その場その場で選択できる人間に育ってほしいです。

ちなみに私がアダム・スミス的に、「もっとケーキを作るのはどう？」と言うと、「それアリかよー！ ずるーい！」とのことでした。

体の大きさだけでなく、労働差や置かれた状況を変えて、また議論してみたいです。

自由主義経済学としては先生のほうが正しい。私からアダム・スミスの話を教わって、授業で実践したそうです。

ちなみに、「パイを増やす」と言っても、「それができれば苦労しない」から、二千年間もガラパゴス経済学しかなかったのです。スミスが天才である所以は、基礎的な理論から具体的な実践論まで、パイを増やす方法を提示したことです。誰もが思いつくけど、言うは易く行うは難しのことを本当に実現したから、スミスは天才なのです。

アダム・スミスは、スコットランド生まれのイギリス人。グラスゴー大学やオックスフォード大学で学んだ後、『国富論』（一七七六年）を発表しました。アメリカ独立宣言の年です。

当時のイギリスは、ウィリアム・ピット（大ピット）が指導した七年戦争（一七五六～六三）に勝利、ヨーロッパのみならず、世界最強の国となっていました。インドと北米（今のカナダとアメリカの東海岸）を植民地にしていました。しかし、そのアメリカ東海岸の経営が、経済的に負担となっていました。時の国王ジョージ三世と側近の政治家は、「植民地の防衛に必要なのだから税金を払え！」と増税を押し付けたので、現地の植民地人は反発。これに七年戦争で敗れて恨み骨髄のフランスが裏で糸を引き、イギリスは孤立したまま植民地の謀反（アメリカ呼称は独立戦争）を戦わねばなりません。最終的にイギリスはフランスに敗れ、アメリカの独立を認めざるを得なくなります。

そんな時に、スミスの理論が注目されたのです。

スミスの特長は、経済と道徳を分離したことです。当たり前ですが、人間が人間である以上、欲望はなくなりません。ならば、その欲望を上手く作用させればよいと考えたのです。

江戸時代の日本に限らず、封建社会では「金儲けは悪」の価値観が強いです。

儒教圏では、商業どころか、労働が「貴い身分の者のすることではない」です。こうした文化の影響で日本でも、「農民や職人はモノを作るが、商人は動かすだけではないか」との価値観が生まれます。

西洋では、『新約聖書』の影響からか、数学までが忌避されました。ユダヤ人は差別されながらも商人としてしぶとく生き残りましたが、商人を賤業として扱う文化が背景です。

イスラム教は開祖のムハンマドが商人だけあって商売上手な宗教として発展しますが、それでも「同胞（同じイスラムの民）から利子を取ってはいけない」という文化が定着します。コーランに「利子は悪」と書いてあるので、色んな抜け道を考えて今に至ります。

いずれにせよ、金儲けは「悪」「賤しい」という考えは、古今東西かなり広く深いのです。

しかし、アダム・スミスは、そんな思考は無視。そんなことより、「どうせあるのだから、上手く使おう」との発想に立ちます。むしろ、「人間の欲望を上手く使えば、パイそのものを増やすことができる」と考えたのです。

では、具体的にどうすれば、誰もが幸せになれるような形でパイを増やせるのか。

アダム・スミスが最後にたどりついた結論は、一言でまとめると、「政府が民間の邪魔をしない」ことです。言い換えれば、「民を自由にさせる」です。だからスミスの経済学は、自由主義の経済学なのです。

外交・防衛、治安や最小限の公共事業は政府が行うしかないけれども、それ以外はすべて民間に任せる。政府は余計なことをせずに民の活力にまかせるべきとの考え方です。人間の欲望を道徳によって縛るのではなく、誰もが欲望のままに努力し、そのエネルギーを効果的に発散できる仕組みを作る。

ちなみに、無理な強制をしないという点では、イギリス憲法も同じです。政治家に「権力闘争をするな」などと実現不可能な要求をしても意味がありません。政治家たるもの、むしろ権力を欲するのが健全なのです。言うまでもなく、二本斜壊党……じゃなかった、日本社会党のように「政権を獲ると責任を取らされて次の選挙で落選させられてしまう。だから野党第一党が一番おいしい」などとほざいていた連中は論外です。むしろ、政治家が権力を欲するのは健全です。その代わり、その欲望の出し方にルールを設ける。殺し合いではなく選挙という形で政治の争いを決着させるようにし、それによって理性的に国家運営ができる。

小ピット（ウィリアム・ピット）

そして、強い権力が生まれる。

こうした憲法運用は、アメリカ独立戦争で弱っていた、イギリスを再生させました。そしてアダム・スミスの理論も、大英帝国の覇権確立に貢献しました。

これを指導したのが、小ピット（一七五九～一八〇六。首相在任一七八三～一八〇一、一八〇四～〇六）です。七年戦争を指導した大ピットの同名の息子なので、小ピットです。小ピットはアダム・スミスの理論通りの経済政策をとり、絶頂期のイギリスを現出させました。スミスを大変尊敬していたピットの有名なエピソードがあります。

かのメルビル卿のウィンブルドンの邸にピットを初めスミス、グレンヴィル、アディントン等が招かれたる際、スミスが遅参して一同に謝ったことがあったが、その時一同の起立と共にピットが、「私共はあなたが着席せらるるまで起立致しております。それは私共はすべてあなたの教え子でありますから」と述べたことも有名な話である。

北野大吉『英国自由貿易運動史：反穀物法運動を中心として』（日本評論社、一九四三年）三五頁

メルビル、グレンヴィル、アディントンは、ピット内閣の有力者です。まあ、そこは本筋でないので気にせず飛ばして。

小ピットも優れた指導者で、フランス革命・ナポレオン戦争を指導しました。最高指導者として議会で戦争目的を演説し、国民に説明する。国民は増税に応じる。増税で得た財源を戦費に回す。戦争のやり方は現場に任せる。現場は「勝てばピットが正当化してくれる」と、どんなやり方をしても勝ってくる。そして講和会議で有利な条件を勝ち取ってくる。

ここで国民が増税に応じるのは、平時は経済活動を自由にさせて儲けさせてくれるからです。だから戦時、いざという時は、喜んで増税に応じる。どこぞの、平時から増税で防衛費を賄おうとする国の首相に、聞かせてやりたい話です。平時から増税していて、戦時になったらどうするつもりなのか。

むしろ現代戦では、国家の基盤としての経済力の重要性は高まっています。第二次世界大

戦を最後に、大国同士の直接の戦闘はありません。むしろかつての米ソ冷戦や今の米中対立のように、経済力を競い合うのが主流です。だから、国民経済を強くすることそのものが、大国間競争に勝ち抜く急所とすらなっているのですが。すなわち、経済が破綻すると、かつてのソ連のように、一戦も交えることなく滅びるのが、現代の大国間の生き残り競争なのですから、経済力の重要性は高まっています。平時から増税して、ギリギリの国民生活を求めるなど、〝自国に対する経済制裁〟以外の何物でもありません。

税収を増やしたければ民を自由にさせよ

このように、「国家は生き残るために経済を重視すべし！」と説いたのが、まさに『国富論』です。その要諦が、自由主義経済です。

極めて高度な教養で恐縮ですが、マンガの一つでも読んでください。宮下秀樹『センゴク外伝　桶狭間戦記』第一巻（講談社、二〇〇八年）第三話に、今川義元が悪逆非道を尽くす代官を取っ払って国人衆に自治を認めてやる代わりに五〇％の増税をいとも簡単に呑ませる話が出てきます。実際、本当にそんな話があったようです。

税収を増やしたければ、民を自由にさせよ。頑張って働いて儲ければ、痛税感はなくな

『センゴク外伝　桶狭間戦記』第一巻

る。自然の法則です。今川義元は水野忠邦ら泰平の世の中しか知らない苦労知らずの世襲官僚政治家ではなく、生き馬の目を抜く時代を生きた戦国大名です。経済学を知らなくても、政治経済の何たるかは知っていたのです。

日本の戦国大名七傑は東から、北条・上杉・武田・今川・織田・朝倉・毛利です。これに、伊達・三好・長曾我部・大友・島津を加えてもいいでしょう。その全員に共通しているのが、全員が経済大国。経済政策を上手くいかせるくらい、軽くできなければ戦に勝てないのです。

ちなみに武田家は長篠の戦いの後も何とか粘り抜いていましたが、織田信長の軍事的圧迫に耐えかねて、「増税による国防力強化」を目指して自滅しました。

西洋における政治術の古典は、ニコロ・マキャベリ『君主論』です。我が国でも翻訳が多数出ているので、ご一読を。ここには経済の話が、まるで出てきません。むしろ、「君主は軍事と外交以外のことは関心を持ってはならない」ぐらいの調子で書いてあります。

しかし、マキャベリが経済などどうでもいいと思っていたわけではありません。軍事外交で生き残ろうと思ったら、領内の経済政策を上手く回すなど、当たり前だからです。ついでに言うと、想定読者が銀行家として超大金持ちのメディチ家。超大金持ちを相手にカネの話をするような知ったかぶりではなかった、という事情もあります。

スミスの、特に『国富論』が強調したのは、当たり前のことであるけれども、あえて経済の国家経営における重要性です。「マクロ経済政策は、国家経営術の基礎、できて当たり前の事なんだけれども、今までの時代よりも重視してしっかりやろう」です。

ところで、経済学の父と呼ばれるアダム・スミスですが、自分のことを哲学者だと考えていたようです。『国富論』は非常に分厚い本ですが、経済だけでなく、歴史や政治の話もずいぶん出てきます。その中で、国家経営にあたっては経済が大事だと強調したのです。

これに飛びついたのが、小ピットだった訳です。単に「モノがないから略奪してくる」ではなく「そもそも生産を増加させよう」で、大英帝国の繁栄を築きました。大英帝国が、それまでのヨーロッパの覇権国のポルトガル・スペイン・オランダと違ったのは、それまでの帝国主義と同じく「植民地を持ち略奪もする」のだけれども、「国民経済を富ましてパイを大きくする」を両輪としたことです。

その根本的な思想が「夜警国家」とも呼ばれる、「政府は外交・防衛、治安、民間ではきできない最小限の公共事業だけやっとれ！」です。

政府は最小限のことだけしておれば、経済全体がうまくいく。このアダム・スミスの発想は「見えざる手」と言われ、政府が介入しなくても「見えざる手」が市場を導くとの考えです（『国富論』第四編、第二章）。なお「神の見えざる手」のフレーズが有名ですが、スミスは「神の」とまでは書いていません。

政府は余計ないことをしないで民の活力を高める環境だけを整える。そうすれば儲けようと頑張るのだから、自然とパイが大きくなる。

この思想は、近代経済学の前提です。

大英国主義と小英国主義

その後、イギリス経済はどうなったか。そもそもスミスからして「統治術」の一環としての経済であり、そこに自由の価値を置いたのです。ここで、自由の意味を深堀しておきます。

小ピットはナポレオン戦争時代の人ですが、その約半世紀後、十九世紀半ばに保守党のディズレーリ（一八〇四～八一。首相在任一八六八年、一八七四～八〇年）と自由党のグラッドストン（一八〇九～九八。首相在任一八六八～七四年、八〇～八五、八六、九二～九四）が代わる代わる首相を努め、ヴィクトリア朝イギリスの政治を代表する政治家となります。今に至る二大政党制が、ここに始まります。

この間、大英国主義と小英国主義の対立がありました。

大英国主義とは植民地を世界中に増やすことが覇権国家としてのパワーに繋がるという考え方です。保守党のディズレーリはこちらを主張しました。

小英国主義とは植民地のような割に合わないものは持たなくていい。貿易で儲ければ、そのほうが国力につながるとの考え方で、自由党のグラッドストンはこちら側です。

植民地を持つ派・持たない派が明確に分かれているとは限らず、同一人物が結局のところ両方に関わる場合もあります。

たとえば、ドイツのビスマルクは当初、植民地は不経済なのでいらないという考え方だったのに、一八八四～八五年にかけてアフリカや太平洋の島を植民地にしています。

ちなみに、大日本帝国は滅びるまで大日本主義を捨てられませんでした。小日本主義は石橋湛山など、ごく少数派が唱えていたにすぎません。

石橋湛山というと良心的でハト派のイメージの政治家ですから、彼が言ったとなると、小〇〇主義があたかも倫理的なもののように勘違いする人がいるかもしれませんが、少なくとも小英国主義は違います。イギリスはそんな甘いところではありません。

自由を尊重し、植民地を持たないことの裏側には、統治の効率性があるのです。

つまり「現地人には、さも自分が自由人であるかのように思わせておいたほうが合理的だ。支配下に置いたところで、奴隷のように扱えば、反乱が起きるなど、治安維持にも費用がかかる。うまく治めるには彼らの処遇にそれなりに気を使わなければならず、面倒だ。それなら、独立させて、さも自分が自由人であるかのような幻想を与えたほうが、扱いやすく、経済的には得なのだ」です。自由主義者が唱える小英国主義とは、そういう考え方です。当時のイギリス人のしたたかさを理解しておきましょう。

明治日本はロシアの脅威に怯えていましたが、イギリスもロシアのアジア進出を嫌がっていました。そして「猟犬」として日本をけしかけたら、予想外の大勝となりました。その後は「アジアにおける中間管理職」のつもりで同盟を続けました。イギリスにとっての日英同盟とはそういう代物でした。

もっとも明治日本の元老たちはそんなことを百も承知で仲良くしつつ、「言いなりにできるものならやってみろ」と常に厳しい交渉をイギリスに突きつけていました。元老は「同盟とは戦をするのと同じ労力がいる」と熟知していましたから。

その三　共産主義経済学——創始者カール・マルクス

高尚な話から急に程度の低い話に戻ります。

竹中平蔵さんをいくら批判しても、「自由主義」は文明国の経済学の基本なのです。「政治が経済にできるたった一つの事は、民間の邪魔をしないこと。言い換えれば民間が経済活動をしやすい環境を作ることだけだ。だから余計なことをしないのが、唯一最大の仕事だ」は竹中さんのオリジナルでもなんでもありません。別に竹中さんを批判するなと言いませんが、文明人なら誰もが否定できないことを「竹中平蔵さんみたいなことを言いますねえ」と冷笑する永田町の空気は何とかしてほしい……。

その竹中批判の一つが、「市場の失敗を起こした」です。すなわち、小泉竹中改革で規制緩和と民営化を進めたので、自由主義経済の名目で弱肉強食の社会を到来させた。富める者はさらに富み、貧しい者は立ち上がれないほど打ちのめされた。市場原理に任せてしまったからだ！

これに「小泉郵政改革はアメリカとその背後にいる国際グローバル金融資本の陰謀だ！」と来ると、単なる陰謀論なので無視します。その嘘は『自民党の正体』（ＰＨＰ研究所、二〇一五年）や『沈鬱の平成政治史』（扶桑社新書、二〇二二年）にさんざん書きましたので、納得できない方はどうぞ。本書は経済学の本なので、経済の話を。

竹中批判に限らず、「市場の失敗」を言う人が言わない言葉が、「政府の失敗」です。

市場原理を批判する人は、必ず「市場の失敗」が起こると主張しがちです。結果、「民間に任せると必ず失敗するから、政府が面倒を見なければならない」との結論に陥りがちです。官僚がこれを言うのは自分たちの権限を増やすためのポジショントーク、ある種の本能として首肯できます。しかし、国民の代表である政治家が、官僚と一緒になってこんなことを言う。「竹中平蔵が相手だったら何を言っても許される」との風潮で、自由を否定するのは困りものです。そんな政治家ばかりだと、選挙に行く意味がない。国民は失敗するけど、政府の官僚と尻馬に乗った政治家は間違えない。実に邪悪な経済学モドキです。

スミスの説いた「見えざる手」には、批判があります。大きく二つ。一つが、ケインズ。こちらのマトモな批判は、あとからお話しします。もう一つが、カール・マルクス（一八一八〜八三）です。経済学と言うより、新興宗教の教義なのですが。こちらからお話ししましょう。

マルクスの説いた共産主義は、人類全体を巻き込む不幸な実験の末に、一九九一年のソ連の崩壊で、その誤りは証明されました。今や中国も、政治的には共産党支配を強化していますが、経済的には自由主義経済に舵を切っています。減税と規制緩和。日本と比べると、どちらが自由主義か、わからないほどです。ちなみに江沢民が竹中平蔵を絶賛していたのは、余談で。

カール・マルクス

それはともかく、なぜマルクスが受けたのか？　共産主義思想など、狂気です。しかし、狂気にも受ける理由があるのです。そして、ケインズとともにスミスへの批判者なので、勘違いしてマルクスを真人間と勘違いしてしまう人間も大量に出てきました。この構造を理解するつもりでお話をお聞きください。

カール・マルクスは、共産主義の教祖です。共産主義は、ほとんど宗教です。宗教を否定する宗教ほど危険なものはないのですが、狂信的な宗教を信じている人は、自分たちをこの世に存在する色んな宗教の一つを信じているのではなく、「正しい教え」を信じているだけだと思い込んでいます。

そういう人を、しかもインテリを魅了するのが、新興カルト宗教の教祖の腕です。マルクスの凄かったのは、他人を批判する場合です。

アダム・スミスおよびその流れをくむ自由主義・資本主義とカール・マルクスの共産主義を比較するにあたって、「機会の平等」か「結果の平等」かという言葉が用いられます。アダム・スミスは「機会の平等」を重視し、それに対して、マルクスはその偽善性を徹底的について、「結果の平等」を説きました。

マルクスに言わせれば、どんな国や社会にも階級があり、人は生まれながらに不平等です。大金持ちの子として生まれれば、衣食住に不自由しないばかりでなく、よい家庭教師をつけてもらい、よい中等学校に通い、よい大学に入る。そういったエリートコースが用意されている。

イギリスのオックスフォードやケンブリッジ大学では、勉強ができるのは当たり前で、学生はスポーツにいそしんで体を鍛えています。おそらく本物のイギリスのエリートが喧嘩をしたら、肉体労働者に勝つでしょう。むしろ、あらゆる面で勝たねばならないぐらいの勢いで、普段から鍛錬しているわけです。

すべてにおいて優れている特権階級に対して、読み書き計算といった基礎学力も身につけることなく、小さいうちから働かされて毎日十六時間の重労働。いったい人生、どうやって逆転するのか。その階級差は未来永劫なくならず、あるいは世代を経るごとに、その差は開いていくのではないか。

まったく、その通りです。

相手の矛盾をつくときのマルクスの分析は、正しすぎて恐ろしいほどです。

たしかに当時のイギリスの労働環境はひどかった。マルクスの代表作『資本論』から、一八六七年の記述です。

現在行われている一八五〇年の工場法は平日平均一〇時間労働を許している。すなわち、週初五日については、朝の六時から夕の六時まで一二時間であるが、その中から朝食のために半時間、昼食のために一時間が法定で引去られて、一〇時間半の労働時間が残り、また土曜日については、朝の六時から午後二時まで八時間で、それから朝食のために半時間が引去られる。残るのは六〇労働時間、週初の五日に一〇時間半、最後の週日に七時間半である。

カール・マルクス『資本論』第二巻（岩波文庫、一九六九年）一〇七頁

この工場法では、平たくまとめて一日十二時間労働（朝食・昼食時間を含む）を勝ち取ったわけですが、今から考えると長時間労働ですし、しかも、これがしばしば守られなかったといいます。

『資本論』の同章には「男子の労働時間を、一日十八時間に制限すべきことを懇願するために、公けの会合を開くような一都市」もあったと書いてあります（同、一一五頁）。

また一八六三年の新聞記事に掲載されていた、宮廷用婦人服製造所で働く二十歳の女工メリ・アン・ウォークリの死亡に関する事件についての記述もあります。

これらの娘は平均一六時間半、しかし社交季節には、しばしば三〇時間たえまなく労働し、彼女らの「労働力」がいうことをきかなくなると、時々シェリやポートワインやコーヒーを与えて、働きつづけさせるというのである。そして、それはちょうど季節の盛りのことだった。輸入したてのイギリス皇太子妃様のもとで催される誓忠舞踏会のための貴婦人用衣装を、一瞬のあいだに作り上げるという魔術が、必要だった。メリ・アン・ウォー

クリは、他の六〇人の娘といっしょに、必要な空気容積のほとんど三分の一も与えない一室に三〇人ずつはいって、二六時間半のあいだ休みなく労働し、夜は、一つの寝室を、さまざまに板壁で仕切った息詰まる穴のような室中で、二人ずつ一つのベッドに入った。しかもこれは、ロンドンの比較的良い方の婦人服製造所の一つだった。メリ・アン・ウォークリは、金曜日に病気になって日曜日に死んだ。　　　前掲書、一三二～一三三頁

しかも雇い主は、女工の死亡そのものより、「最後の一着を仕上げもしないで」死んだことに驚いたのだとか。

そして、医師が「メリ・アン・ウォークリは詰めこみすぎた作業室における長い労働時間と、狭すぎる換気の悪い寝室とのために死んだ」と率直に証言すると、検屍陪審からは表現が不適切であるとして「死亡者は卒中のために死んだのであるが、その死が、人員過剰の作業場における過度労働等々のために速められたと懸念すべき理由はある」と言うべきだと、たしなめられています。

こんな状況ですから、マルクスの「結果の平等でなければ、真の平等ではない」という主張が説得力を持つわけです。

マルクスは半世紀ほど前に生まれたヘーゲル（一七七〇～一八三一）に大きな影響を受けていると言われます。

カント以来、フィヒテやシェリングを経てヘーゲルに至るドイツ哲学の流れをドイツ観念論と言いますが、ヘーゲルはドイツ観念論哲学の完成者とされます。ヘーゲル先生、実はけっこうトンデモと言うか怪しいことも書いていまして、『歴史哲学講義』では、「東洋世界」「ギリシャ世界」「ローマ世界」「ゲルマン世界」と章立てを分け、世界各地の歴史を独断と偏見でぶった切っています。

いわく「東洋は過去から現在にいたるまで、ひとりが自由であることを認識するにすぎず、ギリシャとローマの世界は特定の人びとが自由だと認識し、ゲルマン世界は万人が自由であることを認識します」とか（ヘーゲル『歴史哲学講義』上巻、岩波文庫、一九九四年、一七六頁）。

ヘーゲル先生の東洋世界は中国・インド・ペルシャ。ペルシャの中にエジプトがあります。ヨーロッパの東のオリエントだと言いたかったのかもしれませんが。最後の「ゲルマン世界」はいわゆるヨーロッパ史でフランスやスペインなど南欧も含み、「?」な分類となっています。しかも「世界精神」が歴史を動かす！　のような精神論。その「世界精神」が何なのか、何も説明しません。その「世界精神」なる得体のしれない見えない浮遊物が世界中をうようよして世界史を導いているかのように描きます。そこには、有史以来、大きく停滞することなく発展し続けた日本という国が出てきません。また、ヨーロッパにも重圧であったはずのトルコをスルー。いろいろと突っ込みどころ満載です。

ついでに言うとヘーゲル先生、ナポレオンがドイツ（その頃は国ですらなかった）に攻め込んできた時、「あれが世界精神だ！」とか訳のわからないことを叫びましたが、当のナポレオンがやったのはドイツの蹂躙《じゅうりん》。日ごろは何を語っているかわからない、難しいことを言っているフィヒテが敢然と祖国愛を説くと、同調します。というか、目が覚めて現実に着地した？

マルクスはこのヘーゲルに反発しながらも影響を受け、さらにトンデモな発展段階説を唱えます。マルクスにかかれば、人類は「原始共産制→古代奴隷制→封建社会→資本主義社会→共産主義社会」に発展していくそうで。みなさんも一度は見たり聞いたりしたことがあるでしょう。ヘーゲルを批判的に発展させたらこうなるらしいです。

これだと直線的に発展していくように語っていますが、中世は暗黒時代とも言われ、思いっきり停滞していたのではないでしょうか。マルクスにかかれば、中世封建制は古代奴隷制よりもマシなので、文明が転落した暗黒の世紀にはならないのです。

ヘーゲルもマルクスも、自分が知っている都合のいい主要国、主要地域を取り上げて勝手なことを言っています。中欧からは目と鼻の先にあるバルカン半島にはほとんど触れていない。あそこを法則にはめ込もうとすると、絶対に無茶苦茶になるというのはわかりますが。バルカンほど複雑でなくても、厳密な実証史学に照らして考えると、マルクスほかの発展段階説は当てはまらないことだらけ。

フランシス・フクヤマの『歴史の終わり』（邦訳：三笠書房、一九九二年）のように、自分が生きている時代が完成形だと思ってしまうタイプです。ただし、マルクスはフクヤマのような小物ではありません。

しかも困ったことに、マルクスの理論はイギリスの歴史を見ながら作ったものなので、一見イギリスには当てはまるように見えます。そして、イギリスに似た島国日本にも。日本で共産主義が流行った一因はここにあります。

日本の場合、マルクスの理論に当てはめて分析していくと、結構当たってしまうことがあります。たとえば鎌倉幕府の御恩と奉公などは、ヨーロッパ中世の騎士の忠誠心にかなり対応します。まぐれ当たりでも、重なれば説得力が生まれます。

日本人の敗戦後の平和ボケは誰でも知っていますが、日露戦争に勝った後の平和ボケもいい加減でした。大正デモクラシー（この言葉も、信夫清三郎というマルクス主義歴史学者の造語）時代の日本の言論界はマルクス主義が席巻します。教科書では吉野作造の穏健な自由主義が中心だったかのように書かれていますが、実際は過激なマルキストが主流で、あっという間に「吉野なんか、もう古い」と隅に追いやられました。

名門大学を出たインテリ、大学教授やマスコミ人が言論界の中心を牛耳る体制は一九一七（大正六）年のロシア革命の頃から始まり、戦時中は政府の大弾圧によって鳴りを潜めますが、敗戦後は大手を振って再登場します。

マルキストが突きつける現実への矛盾は、確かにその通りでした。そして、「本当だ！　そうか、これは全人類に通じる法則なのだ」と感じる人がいっぱい出てきていしまい、日本はマルクス主義者が威張り散らす国になってしまいました。

しかも使っている用語が無駄に難解で訳がわからないので、インテリを魅了するのです。普通の人は暇じゃないのでそんな用語なんか勉強しないのですが、マルキストのインテリはそういう用語を使いこなせることで自分たちは大衆とは違うエリートなのだと優越感に浸れる。

解説するのもバカバカしいので、とりあえず三カ所くらい紹介します。

さて経済学は不完全ではあるが価値と価値の大いさを分析したし、またこれらの形態にかくされている内容を発見したのではあるが、それはまだ一度も、なぜにこの内容が、かの形態をとり、したがって、なぜに労働が価値において、また労働の継続時間による労働の秤量《ひょうりょう》が労働生産物の価値の大いさの中に、示されるのか？　という疑問をすら提起しなかった。生産過程が人々を支配し、人間はまだ生産過程を支配していない社会形成体に属するということがその額《ひたい》に書き記されている諸法式は、人間のブルジョア的意識にとっては、生産的労働そのものと同じように、自明の自然必然性と考えられている。したがって、社会的生産有機体の先ブルジョア的形態は、あたかも先キリスト教的宗教が、教父たちによってなされたと同じ取扱いを、経済学によって受けている。

『資本論』第一巻（岩波文庫、一九六九年）一四三〜一四四頁

言うまでもなく、個人の自己労働にもとづく分散的私有の資本主義的私有への転化は、事実上すでに社会的生産経営に立脚する資本主義的所有の社会的所有への転換に比すれ

ば、比較にならないほど長く、苛酷で、困難な過程である。前のばあいには、少数の簒奪者による民衆の収奪が行なわれたのであるが、後の場合には、民衆による少数の簒奪者の収奪が行なわれるのである。

『資本論』第三巻（岩波文庫、一九六九年）四一六頁

これに反して、資本主義的生産様式の科学的分析は、逆に次のことを証明する。資本主義的生産様式は、特別な種類の、特殊の歴史的規定性をもつ、一生産様式であるということ。それは、他のすべての特定の生産様式と同様に、社会的生産諸力とその発展形態との与えられた一段階を、自己の歴史的条件として、すなわち、それ自体が一つの先行過程の歴史的な成果であり産物であり、また新たな生産様式がそれを与えられた基礎として、そこから出発する一条件として、前提するということ。この特殊な歴史的に規定された生産様式に対応する生産諸関係――人間が、その社会的生活過程において、その社会的生活の生産において、入るところの諸関係――は、一つの特殊な歴史的な経過的な性格をもつということ。そして最後に、分配諸関係は、この生産諸関係と本質的に同じであり、その裏面であって、したがって、両者は同じ歴史的経過的性格を分かつということ。

『資本論』第九巻（岩波文庫、一九七〇年）一〇六〜一〇七頁

何、言ってんだ？　馬〜〜〜〜〜〜〜〜鹿！

で終わらせられるのは、ソ連が滅んだからです。こんなゲテモノが大真面目に学問の対象となった時代が長いのですから、馬鹿にできません。

いちいち、「労働価値説」なんていまどき使い物にならない説を勉強する気にならないし、「ブルジョア」「自然必然性」「社会的有機体」「私有」「科学的」「生産」「歴史的条件」そして「資本主義」などの言葉に、マルクス特有の意味があるので、小馬鹿にしようものなら「君はわかってないねえ、勉強不足だよ」と偉い先生に上から目線で説教されるので、「信仰」は強化継承されていく訳です。

そんなマルクス主義を一言でまとめると、次のようになります。

世界中の政府を暴力革命で転覆し、地球上の金持ちを皆殺しにすれば、全人類は幸せになれる！

何か異論がありますか？　世界中の共産主義者からの反論をお待ちします。何人いるか知りませんが。

共産主義者たちは、「原始共産制」を持ち上げますが、そんなもの、あったのでしょうか。だいたい猿の世界も階級社会です。集団のあるところ、かならず階級があると考えるべきでしょう。共産主義者にこのように質問しても、まともに答えが返ってくることはありません。せいぜい「お前はわかっていない」と屁理屈をこねられるだけ。

屁理屈だらけのマルクス主義が信じられた理由のもうひとつは、批判する側である反共産主義者の頭が悪すぎたことです。「マルクス主義から国体を守るんだ！」まではよいとして、キリスト教徒に向かって「お前らは靖国神社に行かないから非国民だ！」式の罵倒を繰返す。吉野作造は敬虔なクリスチャン（メソジスト）且つ愛国者を自認していましたから、「そんなの、なんでお前に言われなきゃいけないのか。政府に言われるまでもなく、我々にも愛国心はある。人の信仰に踏み絵を迫るようなやり方をするから、靖国神社も迷惑しているだろう」と冷静な反論をしますが、少数派。まさに吉野の弟子たちが、「あんな馬鹿の逆が正しいに決まっている」と大量にマルキストになっていって、吉野が頭を抱える……という構図でした。当然、愛国心を絶叫する御用言論人を使う日本政府には、マルクス主義への浸透に対し有効な対策ができない。それどころか、官僚の結構な数、特に経済官僚の多くがマルクスに染まっていきます。さすがに当時の大蔵省は愛国官庁でしたが。

おっと、大事なことなので二度言いましょう。当時の大蔵省は愛国官庁でしたが。

さらに、大事なことなので三回言います。当時の大蔵省は愛国官庁でしたが。

別に、今の財務省に聞かせたくて、言いました。

他の経済官庁、商工省（現・経済産業省）や農林省（現・農林水産省）には、共産主義に染まった官僚が多く入り込みました。共産主義者は赤旗をシンボルにしたので、「アカ」と呼ばれました。共産主義経済学に染まった官僚は「アカ官僚」です。大蔵省を弱体化させようと創設された企画院などは、アカ官僚のたまり場でした。

もう一度強調しておきます。マルクス主義は資本主義の矛盾を徹底的につくという事においてのみ優れたアンチの思想であって、およそ経済学と呼べるような代物ではありません。その通りのことを行ったら国の経済は破綻します。そのことはソ連圏の失敗で、わかっているはずです。

しかし、そんなことがわからない中途半端にも頭がいいとは言えない人々が立憲民主党に集まっています。いまだに生き残っている共産主義者の残党。

立憲民主党は、いろいろとバカなことを言っていますが、彼らはきっと自分が何を言っているのかすらわかっていない。わかっていたら時代遅れのスローガンをいまだ叫び続けるようなことはしないはずです。昔の左翼は、少なくともわかって言っていましたが、今の日本では自分たちの主張していることの歴史的位置づけなど何もわかっていない連中がリベラルを名乗っています。

最近では共産党員でも理解しているかどうか怪しいものです。共産党ですらレベル下がっているのですから、ましてや立憲民主党をや。

その四　修正資本主義（のち福祉国家）――代表者ケインズ

アダム・スミスに対する真っ当な批判者であり、今の経済学の主流派であり、極めて誤解されている人がケインズです。用語集によるとこんな感じです。

ケインズ（一八八三〜一九四六）　イギリスの経済学者。『雇用、利子および貨幣の一般理論』（一九三六）で不況と失業の原因を究明、政府が経済に積極的に介入すべきことを主張した。その理論は経済学に変革をもたらし、「ケインズ革命」と呼ばれる。

ジョン・メイナード・ケインズ

『世界史用語集』山川出版社、二〇一八年

偶然ですが、マルクスが死んだ年に生まれています。

主著とされる『雇用、利子および貨幣の一般理論』をまとめたきっかけは一九二九年の世界大恐慌でした。

教条的にアダム・スミスの古典派経済学の主張を守って大失敗したのがアメリカのフーバー大統領をはじめとする世界の政治家たちです。各国とも「自由放任にし、余計なことをしないほうがいいのだ」と、本当に無為無策のまま放っておいたので、世界経済は悪化していく一方でした。もっとも、より正確に言えば「何もしない」のではなく、当時の各国の政府は古典派から見てもおかしなことばかりしていました。たとえば、日本はデフレ誘導政策に邁進していましたし、アメリカは大不況下の増税を敢行するなど。「誰がそんなことやれと言った?」って感じです。

そこで出てきたのがケインズです。もっとも、この用語集のように、ケインズ＝積極介入論者のイメージで後世に語られることとなってしまいましたが、ケインズはあくまでも「不況時には」として考えているのです。

主著の序文に傍線を引いておきました。

本書は主として、私の仲間である経済学者たちに向けて書かれたものである。私は本書が他の人々にも理解されることを希望してはいる。しかし、本書の主要な目的は難解な理論上の問題を取り扱うことであって、この理論の実践への適用は副次的に取り扱われるにすぎない。なぜなら、もし正統派経済学が誤っているとすれば、その誤りは、論理的整合性に著しく留意して構成された上部構造の中に見出されるべきではなく、前提が明確性と一般性に欠けている点に見出されるべきだからである。したがって、私は経済学者たちの基礎的な想定のいくつかを批判的に再検討するように彼らを説得したいと思うが、私のそのような目的は、高度に抽象的な議論とそしてまた多くの論争による以外には達成することができない。私は論争をもっと差し控えることができたら良かったと思う。しかし私は、私自身の立場を説明するためばかりでなく、私の立場がどの点において通説と異なっているかを示すためにも、論争が重要であると考えた。私が以下で「古典派理論」と呼ぶものに強い執着を持っている人々は、おそらく、私がまったく誤っていると信ずるか、あるいは私がなんら新しいことを言っていないと信ずるかのどちらかであろう。正しいのは両者のうちのどちらかであるか、あるいはそれらとは別の第三のものであるかという判定は、第三者に委ねなければならない。私の論争的な文章はその回答にいくらかの材料を提供することを意図したものである。もし相違点をはっきりさせようとしたばかりに、私の論争がそれ自体あまりに過激なものになっているとすれば、容赦を乞わなければならない。私がいま攻撃している理論は、私自身が長年にわたって確信をもって主張していたものであって、私はその長所に無知ではないと思っている。

論争の的となっている問題は、どんなに誇張しても誇張しすぎることのないほどの重要性をもっている。しかし、もし私の説明が正しいならば、私がまず初めに説得しなければならないのは私の仲間である経済学者たちであって、一般大衆ではない。理論の現段階においては、一般大衆は論争への参加は随意であるが、経済学者仲間の間の意見の大きな相違に決着をつけようとする一般経済学者の試みの傍聴者にすぎない。実はこのような経済学者の間の意見の大きな相違のために、現在では経済理論の実践的影響力はほとんど破壊されてしまっており、意見の相違が解消するまでは、同じ状態が続くことであろう。

『ケインズ全集7　雇用、利子および貨幣の一般理論』（東洋経済新報社、一九八三年）xxi〜xxii頁

ケインズの言い回しはこの調子で難しいのですが、とにかく厳密にものを言おうとすると、こうなります。基本に立ち返りますが、経済、特にマクロ経済は見えないのです。この世の無数の見えない現象から一部を取り出して説明しようとすると、どうしてもズレが出る。それでも可能な限り誤りがないように説明しようとすると、こうなります。

そんなケインズ先生のお言葉を大根切りにすると、「古典派理論」の有効性は十分に承知しているが、前提が異なれば話は別であるということです。

特殊な理論なのに、なぜか「一般理論」。そして、序文でいきなり「本書は主として、私の仲間である経済学者たちに向けて書かれたものである」と素人を相手にしていないだけあって、非常に難解です。

スミスとケインズは二者択一ではなく「基本と応用」

同著第二四章では、ケインズ先生が説く政策により完全雇用を実現すれば、その点以降は古典派理論が再び妥当するようになると述べています。

一般に受け入れられている古典派経済理論に対するわれわれの批判は、その分析における論理的な欠陥を見出すことではなく、その暗黙の想定がほとんどあるいはまったく満たされていないために、古典派理論は現実世界の経済問題を解決することができないということを指摘することであった。しかし、もしわれわれの中央統制によって、できるかぎり完全雇用に近い状態に対応する総産出量を実現することに成功するなら、古典派理論はその点以後再びその本領を発揮するようになる。

『ケインズ全集7　雇用、利子および貨幣の一般理論』三八一頁

また、書簡や私的な会話では、「自分の理論は不況時の理論である」とあっけらかんと言っています。そして、経済学者の中で「不朽の名著の栄誉を与えられていいのはアダム・スミスだけ」とまでリスペクト指定します。

マルサスは『人口論』を、初版のあと体系書に改めたさいに台無しにしてしまった。リカードゥの最も偉大な諸作は、その場限りのパンフレットとしてものされたのである。ミ

ルはその独特の才能をもって首尾よく体系書を完成することにより、科学よりもむしろ教授法のために尽くし、終わりは海の老人のように、舟出しようとする次代のシンドバッドたちの重荷になったのではなかったか。経済学者たちは四つ折判の栄誉をひとりアダム・スミスだけに任せなければならず、その日の出来事をつかみ取り、パンフレットを風に吹きとばし、常に時間の相の下にものを書いて、たとえ不朽の名声に達することがあるにしてもそれは偶然によるのでなければならない。

『ケインズ全集10 人物評伝』（東洋経済新報社、一九八〇年）二六四頁

すでに説明したマルサスの他に、デヴィッド・リカードやジョン・スチュアート・ミルも偉大な経済学者として挙げられています。しかし、ケインズにとって、スミスは別格なのです。

ここで近代経済学の原理を思い出してください。

アダム・スミス曰く、「政治が経済にできるたった一つの事は、民間の邪魔をしないこと。言い換えれば民間が経済活動をしやすい環境を作ることだけだ。だから余計なことをしないのが、唯一最大の仕事だ」と。

対して、ケインズ曰く、「不況の時は、政府は少しばかり民間の後押しをしてもよい」と。

スミスとケインズの関係は、二者択一の対立ではなく、基本と応用の関係なのです。対立と捉える人がいて、結構ややこしいのですが、ここの認識が違うと無限大に世界観がかけ離れるので、しっかり押さえておいてください。スミスが基本、ケインズが応用、と。

「〝不況のときには〟政府が介入すべき」とのケインズの主張は、現実政治に取り入れられ成功をおさめます。なかでも有名なのは、巨額の財政出動をしたヒトラー率いるナチス・ドイツの経済政策でしょう。景気を高揚させ、失業者を減少させるためにアウトバーンの建設や国民車（フォルクスワーゲン）計画を進め、一定の成功をおさめました。この問題に取り組んだのが経済相のシャハトで、金融緩和も行っています。もっとも、ヒトラーでケインズを語るのはいろいろと問題があるのですが、少なくともそういう捉えられ方をして広がった事実が大事です。

その少し前、デフレ下の日本で金融緩和や財政出動ほかケインズ政策を行って景気を救ったのは、後に二・二六事件で暗殺されてしまう高橋是清です。

もっとも金融緩和と財政出動のどちらが効いたかは、厳密にはわかりません。まさか、実験するわけにもいきません。

長らく「財政出動のほうが効いた」と思われていて、金融緩和の役割を過小評価する向きがあったのですが、最近では「ケインズも財政一辺倒ではない。金融も重視していた」との説が有力です。

ともあれ、ケインズはけっしてアダム・スミスを否定しているわけではありません。むしろ、ケインズ自身がアダム・スミスの応用だとしており、両者に大きく差があるわけではないのです。

通常ならアダム・スミスの言う通り、政府が民間のことに関わるべきでない。軍事や外交、経済なら通貨発行や必要な公共事業（高速道路建設など）、そういうものは中央政府の仕事かもしれないが、余計な規制で縛り上げ、なにかと理由をつけて税金を取るようなことは止めて民の活力を高めたほうが、結果的に税収は増える。

基本的にはそういう考え方です。そしてケインズは、ひどい不況に陥って国民ひとりひとりが頑張ってもどうにもならない時には政府が支出して助けるべきだと言っただけ。

この「ひどい不況に陥って国民ひとりひとりが頑張ってもどうにもならない時」も、世界大恐慌を例に出して「市場の失敗」を言う人もいますが、「政府の失敗」でそういう状況になることもあります。その最大の例が社会主義国家です。ケインズ自身は徹底した反共主義者なのですが、立派な人の言ったことが換骨奪胎され訳のわからない使われ方をするのは世の常。

旧ソ連や毛沢東時代の中国で、個人の努力で何ができるでしょう。そもそも政治的にも経済的にも自由がありません。旅行をするのにも許可が必要で、営業の自由なんかマトモにない。人々は、政府に命じられた労働を行う機械（マシーン）と化す。ソ連崩壊や鄧小平による改革開放による共産主義からの脱却は、人類史に残る規制緩和でした。今のロシアは旧ソ連よりは生活はマシですし、中国に至っては日本を抜いて世界第二位の経済大国にのし上がりました。

さて、ケインズの説いたところは、世界の経済学の主流になりました。まともな経済学者は「スミスへの建設的批判による発展」と捉えているようですが、「スミスの全否定」と捉える向きもあります。

そして、「不況時には政府は大規模支出をせよ」と説くケインズは、世界中の為政者にとって、つまみ食いしやすく都合がよいのです。

政府（政治家と官僚）が民間に大量のお金をバラまくと言うことは、権限が増え、恩に着せることができます。不況時に限らず、平時からバラまきたくなるのが、権力者の思考回路です。農林水産業、建設、福祉、とバラまけば票田になる。おこぼれをもらう有権者の中には、タカリに来る人もいます。そういう人が増えてくると、「国民全体にバラまいて恩恵を感じてもらえないよりは、金と票と労働力を持ってくる有権者にだけバラまくほうが、確実に自分の地位を安泰にできる」と考えてもおかしくありません。

第二次大戦後、「福祉国家」の思想が広がりました。福祉ほど票になるものはないので、先進国は福祉国家になっていきました。資本主義は修正され、現代の民主主義国の多くは修正資本主義となりました。レッセフェール（自由放任）の国は見当たりません。

ただ、あまりにも政府権力（官僚権力）が行き過ぎると、政府（官僚）の権限を緩め、民の活力を強めようとの政治家は出てきます。それがサッチャーであり、レーガンでした。

代表的な経済学の思想を要約してみる

本章では、主な経済学理論を四つ並べて解説してきました。

- 古代以来の前近代経済学（時代遅れのガラパゴス経済学）
- 自由主義経済学（アダム・スミスの流れをくむ）

・共産主義けいざいがく（「経済学」の名に値しない）
・修正資本主義経済学（ケインズ）

それぞれの主張を、改めて並べておきます。

ガラパゴス　「どうやって、限られたパイを分けるか」
スミス　　　「政府は余計なことをせず、民の活力を高めて、パイを大きくしよう」
マルクス　　「世界中の金持ちを皆殺しにせよ」
ケインズ　　「不況の時は、政府が民間のできないことをせよ」

章頭に「二つはまともだが、あとの二つは論外」と言いましたが、当然おわかりですよね。

スミスの自由主義経済学とケインズの修正資本主義経済学です。

ガラパゴス経済学は過去の遺物、マルクスけいざいがく（経済学の名に値しない）などカルト宗教にすぎません。

ところで、わが国ではどの勢力が多数派だと思いますか。

当然、日本で主流の経済学も、まともな二つの経済学のどちらかであるべきですが、実は違うのです。

第三章

なぜ経済学に基づいた議論ができないのか

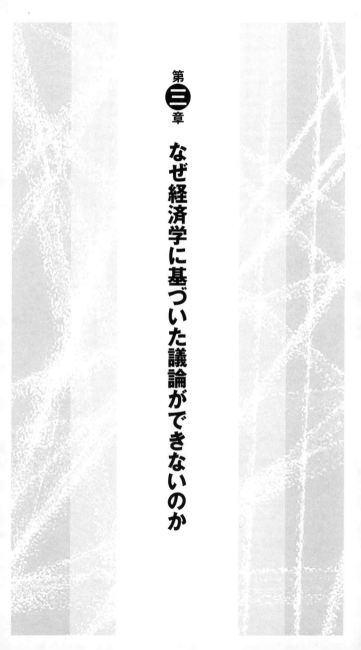

リフレ派は「正統派」と呼ぶべき

スミス、ケインズの流れを組む経済学者を、日本では「リフレ派」と呼びます。リフレとは、リフレーションの略。デフレから脱却したがインフレに至らない段階のことです。したがって「リフレ派」は「デフレ脱却を試みる派」です。

もっともリフレ派の少なからずの人たちは、「リフレ派」と呼ばれることを嫌います。当たり前のことを言っているだけで、そんな「派」は本来ないという訳です。そもそもリフレ（ーション）の定義からいって、デフレがなければリフレはありません。日本みたいに何十年もデフレしている国はないので、世界では「リフレ派」とは呼ばれません。彼らはふつうの経済学者です。だから「正統派」と呼ぶべきです。

そして、日本でまともな経済学者が、わざわざ「リフレ派」と呼ばれてしまうのは、デフレが長く続いているからばかりでなく、彼らが日本では少数派だからでもあります。

二〇二二年十月、ノーベル経済学賞が元米連邦準備理事会（ＦＲＢ）議長のベン・バーナンキ氏に授与されることが発表されました。マクロ経済学の専門家で、特にデフレやインフレターゲットの研究で業績を上げてきた人です。日本に対しても「日銀の金融緩和は中途半

ベン・バーナンキ

端で、どんどんお札を刷り、国債を買うべき」との見解の持ち主です。まさしく日本では「リフレ派」と呼ばれる先生方の主張と同じです。そのバーナンキがノーベル賞を受賞したことからも、世界的にリフレ派が主流であることがわかります。

ジョセフ・スティグリッツにしても、ポール・クルーグマンにしても同じです。管理通貨制の下においては、金融政策は極めて重要である。リフレ派の共通点は金融政策によるデフレ脱却を求めている点ですが、バーナンキ、スティグリッツ、クルーグマンと、世界の最高峰と目される経済学者が当たり前のように言っていることです。

管理通貨制とは、政府の信用でお札を刷って構わない。かつては金本位制で、政府は保有する金の量だけしか通貨を発行できないことになっていました。どこの国の政府だって、いつ潰れるかわからないと、ある日突然その政府が発行したお札は紙切れになってしまいますから、仮にそのようなことになっても金と交換できるようにして信用を担保したのです。

それが「政府は潰れないだろう」という信用が出来上がった国では、その国の責任で通貨を発行してもよいとの思想が生まれました。その思想に基づいて管理通貨制で運用しています。今や世界の文明国の大勢は管理通貨制です。アフガニスタンなどでは、麻薬が通貨として利用されているそうですが、そういう超例外の国以外は管理通貨制です。

ただし管理通貨制といっても無限にお札を刷ってよい訳ではなく、責任が伴います。お札を刷りすぎたペナルティーは、インフレです。

経済の状態つまり景気は、世の中にあふれるモノの量と通貨の量のバランスで決まります。本当は複雑怪奇なのですが、ざっくりと最も影響力の大きい要素と考えられています。真っ当な経済学では。

モノがお金よりも溢れていたら、デフレです。人々が汗水流して働いた商品（モノ）は溢れているのに、市場に供給されるお金が少なすぎると希少品になり価値が下がります。同時に、モノの値段は下がり続けます。

逆に、お金がモノより溢れていたら、インフレです。人々が作るモノよりも多くのお金が市場に溢れていたら、モノの価値が上がり値段が上がり続けます。

さて、どちらがよいか？

結論は、ほどほどです。あえて言うなら、インフレです。

体温でたとえます。

人の平常の体温は、三五・五度から三六・五度。三四度台になったら「冷えすぎ」で、三七度を超えたら「熱がある」状態です。三五・五度を切ったらデフレで、三六・五度を超えたらインフレです。ではその間は？

実は、これもインフレです。経済学者は厳密にはそういう使い方はしないのですが、私は「マイルドインフレ」「悪性インフレ」と使い分けます。三五・五度から三六・五度の平熱が「マイルドインフレ」です。

高度経済成長期の日本が七％以上のインフレを維持しました。最高が一三％。それが石油ショックで最高二三％に。つまり、一三％を超えるあたりから、「明らかに加熱したインフレ」と言ってよいでしょう。

最近も、ウクライナ危機のコストプッシュインフレ（戦争でモノ不足になった結果の悪性インフレ）で米英が一〇％前後のインフレとなり、大変ですが。

よく、「アベノミクスでハイパーインフレになる！」と絶叫しているコメンテーターがいましたが、何％の話をしているのでしょうか。ハイパーインフレというのは、フィリップ・

ケーガン（マネタリストの経済学者）の古典的な定義では月五〇％以上のインフレを指します。日本ではありえませんし、終戦時のインフレでさえ、そこまではとうてい行きません。第一次大戦後のドイツは、約一万％のインフレです。ここまで来ると、お札が何の価値もなくなります。焚き火の材料や子供の積み木と化しました。「リヤカーいっぱいにお札を積んで、パン一斤」の世界です。

では、アベノミクスが始まるまでの日本のインフレ率は？　ゼロ〜マイナス一％です。いったいどうやれば、ハイパーインフレなど可能なのでしょうか。ちなみに日本の敗戦時のインフレ率は、最大一三〇〇％。

日本の最近の経済政策は、「あと少しで体温三六度を超えそう！」という時に、氷風呂に突っ込むみたいなことを繰返してきました。この歴史は、第四章で詳述します。

世の中には、金融政策を重視しない人もいます。特に今の日本には。

今では世界の多数派の正統派経済学も、最初は少数派でした。長年の研究と経済の実践を通じて蓄積された知見を議論により集積し、大多数の人が常識だと思う経済学が出来上がったのです。

かつてはケインジアンの中で財政出動を重視して金融を軽視する人が多かったので、金融重視派はマネタリストと呼ばれました。日本では「上げ潮派」が似たような意味です。「上げ潮派」はマネタリズムとは違います。中川秀直氏や竹中平蔵氏等の小泉政権時代の経済成長重視の政治家の派閥だったかと思いますが、そこまで理論的ではないです。

日本はもともと圧倒的にケインジアンが強く、マネタリストはほとんどいません。西山千明先生、新保生二先生、それから嶋中雄二先生ぐらいです。あとは原田泰先生がかなり影響を受けているとは思います。とはいうものの、狂ったことを言っていないという点で、ケインジアンもマネタリストも「正統派」でくくってよいと思われます。

今の日本では、正統派が生存する余地が怪しいですから。

では今の日本の、多数派とはどんな人たちでしょうか。

増税の財務省と金融引き締めの日本銀行

増税大好き財務省にも困りものですが、他の官僚機構が「財務省にならえ」なのが情けない。外務省や警察庁のような本来は日本の防衛を積極的に担うべき官庁、つまり、防衛の妨げになるような政策には反対しなければならない官庁ですら、「財務省が増税したがっているなら増税でしょうがない」という感じです。「そんなことで日本の安全保障はどうなるのか」と叫びたいですが。最近ようやく、「防衛増税」に反対する与野党の良識派が現れましたが、少数派です。ん、防衛省？　最近、防衛費増額を政治決定されて、どう使ってよいかわからない状態です。言わば、圏外。

会社でも、経理が「無尽蔵にお金を使え！」などとやると、異常です。同じように財務省は、無駄遣いを戒める役割を求められてきた官庁です。ただ同時に、経理が社長のやりたい事業計画に常に拒否権を行使したら、それも異常です。さんざん反対したあげくに「では財源捻出のために全社員の給料カットを呑んでもらいます」などとやっても、おかしい訳です。

もともと財務省は前身の大蔵省時代から、健全財政を旨としています。当然、お財布のひもを締めるのが仕事です。しかし、選挙で選ばれた政治家（特に総理大臣）が行いたい政策にさんざん反対したあげくに、「では増税を呑んでもらいましょう」では困ります。まさに岸田内閣の防衛費増額にはさんざん反対し、最後に防衛増税を呑ませました。また、アベノミクスにもさんざん反対し、消費増税を呑ませました。「デフレの時に大衆恒久増税をしてはならない」など常識ですが、今や財務省は「何が何でも増税」の官庁と化しています。これは宿痾《しゅくあ》としか言いようがないのですが、どうして財務省がこうなったかは、小著『検

証 財務省の近現代史』（光文社、二〇一三年）をどうぞ。

もう一つ、日本経済の舵取りに重要な役所は日本銀行です。黒田さんは例外ですが、基本的に日銀はよくわからない理論を唱えています。この人たちの信念は、「いついかなる時も利上げ」です。「日銀理論」とも言われます。より正確に「日銀理論」を説明すると、「日銀は物価の変動には責任がなく、金融政策には限界があり、何もできないのだ」とする理論です。総裁が利上げをすれば勝ち、利下げは負け。要するに、銀行でお金を借りる時の利子が高いほうが良い、低いと悪い。日銀関係者及び擁護者の論文を読むと、つまるところ、こういう価値観で書かれています。日銀は「銀行の銀行」とも呼ばれ、銀行業界を守る立場なので、こういう価値観になってきた歴史があります。彼らにかかれば「黒田バズーカ」など言語道断、あってはならない異常事態です。だから、黒田路線を止めさせることを「正常化」と言っていました。黒田総裁の任期満了が近づくと、『日経』や『東洋経済』など経済紙誌には「正常化」の三文字が踊り始めていました。

安倍内閣の最初の一年、「黒田バズーカ」による異次元の金融緩和で景気は爆上げとなりました。消費増税をするまでは。しかし、それが許せないのが日銀理論です。なぜかはよくわかりませんが、黒田退任が決まった頃から「さっさと金融を引き締めろ」の大合唱です。

日経新聞には毎日、「金融を引き締めろ」「黒田がいなくなれば引き締める」「一日も早く黒田はいなくなれ」の大合唱なので、市場は黒田さんが何を言おうが信用しません。まともなエコノミストは「黒田さんは普通の事をやっている」ですが、日銀理論は逆なのです。

黒田さんが、かれこれ十年ほど総裁を務めているので、黒田日銀時代になってから入行した二十〜三十代の職員は比較的まともだそうです。しかし、日銀が「まとも」なのは、黒田総裁十年間の特殊現象です。

日経新聞は経済新聞ではない

私は『週刊SPA!』に連載記事を執筆しているのですが、二〇二二年十月四日発売の10／11・18合併号には次のような記事を書きました。我ながら出だしのこの部分は傑作と自負しています。

五年に一度、『日経新聞』を購読しなければならない時節が到来した。このようなことを言うと文明国の経済学を学んだ人間ならば、いぶかしがるだろう。「世界唯一の増税を主張している頓珍漢な経済誌」「経済記事が無ければ高級誌。特に文化欄とスポーツ欄の緻密な取材は秀逸」などなど、『日経新聞』に対する罵詈雑言は星の数ほど聞いた。

だが、「まともな経済学を学んでも、あの新聞の経済記事が読めないほどレベルが低い」などと見下す方が頓珍漢とも言える。なぜなら、『日経』の「経済記事」は、経済の記事ではないからだ。財務省を頂点とする霞ヶ関官僚機構など取材元が、世間の様子・反応を確認する「観測気球」として使う媒体だからだ。『日経』の政治部は永田町の政治家しか取材していない「二軍」であり、経済部は真の権力者である財務省を頂点とする官僚をも取材している「一軍」なのだ。だから、『日経』の経済記事にまともな経済学の知見を求めるほうが、八百屋で魚を求める如く、見当違いだ。『日経』の正しい読み方は、「誰が、どのような意図で」観測気球を上げているかを探ることなのだ。

そして五年に一度の日銀総裁人事の季節がやってきた。二人の副総裁も交代する。今までも次期日銀総裁及び副総裁をめぐり水面下で暗闘が行われてきたようだが、いよいよ終盤の入り口に差し掛かった。日経をよく読めば、これまで水面下でどのような暗闘が繰り広げられてきたか、手に取るようにわかる。

『日本経済新聞』は観測気球、日経経済部は「霞が関政治部」です。

多くの官僚が、『日経新聞』を広げて「あ、観測気球が上がってる。ここ財務、ここ日銀、ここ経産、ここウチ」などと実際に言っていますから、間違いありません。そんな記事ばかりですから、経済学とは何の関係もない話が溢れているのです。

こういう裏事情を心得て、「『日経』は観測気球」と割り切って読むのが、正しい読み方です。そういう読み方をするものなのに、純情でまじめな一般読者の中には「日経の経済学がわからない」などと嘆く人もいます。安心してください。あなたは正常です。日経のほうがおかしいのですから。

『日経』は、財務省はじめ、霞が関の官僚たちに使われているだけなのです。

なんでも増税の財務省と、何でもかんでも金融引き締めの日銀。彼らの「観測気球」と化している『日経新聞』を読んでいると、経済がわからなくなるに決まっています。あれは官庁の意向を読む新聞ですから。

『日経新聞』の名誉のために繰り返し言っておきますが、文化欄とスポーツ欄はクオリティーペーパーです！

メディアはといえば、経済を専門としている新聞・雑誌はことごとく全滅です。

経済雑誌で最も知られているのは『週刊東洋経済』でしょうが、「石橋湛山に謝れ！」としか言いようがありません。

石橋湛山は吉田茂内閣や鳩山一郎内閣で主要閣僚を務めた後、総理大臣にまでなる人ですが、政治家になる前はジャーナリストで『週刊東洋経済』の主幹も務めていました。ところが、現在の『週刊東洋経済』は石橋湛山が「してはいけない、言ってはいけない」と固く戒めたことばかりしています。権力に媚び、経済学の知見を無視し、すっかり御用評論雑誌と化しています。それが、日本の多数派つまり主流派なのですから、鬱々としてきます。

他は言うに及ばず。

日本の政党はガラパゴス経済学と決別できているか

日本の政治経済の権力を握っているのは官僚です。経済政策に関しては、財務省と日銀の影響力が多大です。その御用新聞筆頭が『日経』で、他の新聞や経済誌も大同小異。テレビだってあんまり変わりません。一時期、ＰＨＰの月刊誌『Ｖｏｉｃｅ』がリフレ派の拠点の如く孤軍奮闘していたくらいでしょうか。この本の版元なので媚びているようで言いづらいですが、事実だから仕方がない。

そうした官僚のご説明や、官僚の意向に従ったマスコミの動向で政策を決めているのが、日本の政治家と考えて間違いありません。

ここで、主要政党の経済思想を、大まかに見ていきましょう。

万年与党の自民党にも、野党第一党の座にしがみつく立憲民主党にも、その他の政党にも、水野忠邦レベルの経済政策を本気で推進しようとする人は多くいます。根本的に、「限られたパイを分配するのが政治だ、経済政策だ」という発想しかない。そして、お金を賤しいものと貶める道徳を持ち込み、経済活動に対して命令できるという思想を持ってしまう。そして、人間は根性を出して倹約すれば、利益が出ると考えてしまう。経済法則など、考えもしない。まともな経済学を学んだことがないのだから、仕方がないでしょう。

現代でも市区町村の場合は、それでも通る部分があります。日本維新の会が大阪府・大阪市のムダを省いて成功しました。しかし、そうした発想だけでは国のマクロ経済政策はわからないので、岩田規久男先生を招くなどして、国政の勉強中。まさにマクロ経済の政権担当能力をつけようとしているところです。「勉強中か」とバカにするなかれ。マクロ経済を理解しようとせず、正しい経済政策の邪魔ばかりする与野党が多いなか、希少な存在です。岩田先生の勉強会の様子、ネットで公開されているので興味がある方はご覧ください。岩田先生曰く、「あなた方はいいことを言っているけれども、経済政策はミクロに偏っている。もっとマクロも打ち出さなければ」です。

大阪市や大阪府の行政改革は、主に目に見える〝箱モノ〟が相手です。「なぜ同じ施設が同じ場所に府と市の管轄で両方あるのか、無駄ではないか」などは目に見えます。いわばミクロです。動いている経済の流れに働きかけるのは、目に見えません。マクロです。

ちなみにここで、各党の事情も考察しておきましょう。

まず、自民党は幅が広すぎるので、何とも。だいたい、保守ゴリゴリの高市早苗さんと、リベラル全開の野田聖子さんが同じ政党にいる時点で、党の綱領がどうなっているのか。

経済政策も同じで、リフレ派から増税派まで、万遍なく取り揃えています。まさに〝総合デパート〟と自負する通り（それが自慢になるのかは、さておき）。ただ、圧倒的多数の人は、経済政策を真面目に考えていません。リフレ派も増税派も、コアな思想を持つのは数人です。圧倒的多数の議員は、興味がない。

ただし、自民党の特徴は、「限られた予算の中から、自分の支持者に補助金を獲ってくるのが優秀な議員」という文化がすっかり定着しています。この体質については、後の章で詳述します。これは岸田首相（自民党総裁でもある）個人の資質ではなく、構造的問題です。この構造がある限り、「財務省へのお願いが上手い議員が出世する」党なのです。財務省は予算を握っていますから。

立憲民主党は、自民党よりさらに幅が広い。一般にリベラルと極左しかいないと思われていますが、れっきとした尊皇家もいます。極端な幅の広さ、経済政策もまた同じです。

旧民主党政権が消費増税を推進したこともあり、長老たちは自民党の多数と同じような発想をする議員が多い。つまり、「バラまくには財源がいる。だから増税は不可避だ」と。一方で若手には経済がわかる人もいて、「安倍内閣の景気回復は中途半端だった。だからあの路線をやめろなどという頓珍漢で真逆の批判ではなく、真っ当な批判を訴えるべきだ」と主張する議員もいます。基本的に前者が強い時代が長かったのですが、若い泉健太代表になってからは後者が発言権を得はじめました。

自民・立民が二大政党ですが、この両党を支えているのが公明党と共産党です。

公明党は、自民党と財務省の動きを見ています。国会では少数党なので、無理はしません。しかし、公明党の支持母体である創価学会は、今や自民党の最大支持母体でもあります。むしろ自民党のほうが、創価学会の意向を伺わずに政治はできません。だから自民党は財務省と創価学会の双方の顔色を見て政治を行うことになります。

では、創価学会・公明党の原理は何か。「政権に居座り、発言権を確保する」です。この党は勉強熱心な議員でないと幹部になれないので、まっとうなマクロ経済政策をわかった上で、財務省が押し付けてくるガラパゴス経済学とも妥協する、です。

共産党は、独自の道。さすがに共産主義を実現しようと本気で考えている人はいないでしょうが、今までの自分を否定したくない。立民が泉体制になって袖にされていますが、共産党と旧民主党政権の主流派だった幹部の思想は親和性が高いです。この理由は本章の最後で。

日本維新の会は、大阪の地方政党から国政政党に脱皮中なので、経済政策もこれから。真っ当な経済政策を打ち出しつつあります。

国民民主党は、政策は高く評価されています。その先陣を切っているのが、玉木雄一郎代表。玉木は財務省出身で旧民主党政権では消費増税推進派と目されていて、国民民主党の代表になってからは、ＳＮＳを中心に「玉木は変わった。マトモになった」と言われています。これに関し本人は動画で「私はもともとこうだった。今は言論の自由がある」と語っています。そんなこと言って大丈夫なのかと心配になりますが。

こうして見ると、自民・公明の与党および野党第一党の立民の重鎮連が「ガラパゴス経済学」に憑りつかれているという構図が見えてきます。正統派経済学は少数派となります。

改めてまとめると、ガラパゴス経済学とは「パイは限られている。そのパイを適正に配るのが正しい政治のあり方だ。配るのに足りなければ、増税するしかない」です。

こんなガラパゴス経済学が、政治や経済のプロたちの間で主流派になっているのは日本ぐらいかもしれませんが、このように日本に限らず「金儲けは悪だ」という概念は根強いものがあります。

江戸幕府の、新井白石～松平定信～水野忠邦という人たちも、お金を汚いものと捉え、経済に道徳を持ち込んでいました。経済に道徳を持ち込むのもガラパゴス経済学の特徴の一つです。

自民党はガラパゴス経済学の劣化コピー

よくも悪くも、自民党は常に日本政界の多数派であり、日本人の縮図です。この党の経済論争の構図を読み解くことで、経済政策の問題点が見えてくるでしょう。

結論から言うと、ガラパゴス経済学と修正資本主義もどきしか見当たらず、アダム・スミス的な正統派経済学は虫の息です。前章で「スミスが基本でケインズが応用」とお話ししましたが、そのようにとらえている人は少数派。スミスと竹中平蔵をまとめて排除してケインズ的な主張を唱えるので、修正資本主義もどきです。ケインズもどきと言ってもよいかもしれません。「もどき」の本質は、バラマキ万歳！　です。ケインズが「不況のときに限って政府が介入すべし」としたのを、都合よく拡大解釈して、平時から支持者にバラマキをする人々です。

彼らは財務省が本気になったら、逆らいません。自分が補助金をもらえたら景気回復なんか二の次です。

勉強熱心な人が多いですが、彼らの「勉強」とは官僚の話を聞くこと。官僚の話が一〇〇点満点の模範解答で、そのうち何点取れるかを競争している受験生のようです。そしてレクチャーする官僚がガラパゴス経済学だから、自民党政治家は、当然、その劣化コピーとなるに決まっています。よほどの例外以外は。

二〇二〇（令和二）年春、新型コロナウィルス感染症について、あまり情報がなく、エボラ出血熱のように危険な疫病なのか見当がつかなかった初動の時期に、自民党の農林族議員から国産牛肉の商品券の交付が提案されたことを覚えていますでしょうか。自民党は「バカなことを」と止めるどころか、別の漁業組合から支持を受けている議員が「そっちが〈和牛券〉ならこっちには〈魚介券〉を！」と言い出す始末。国民から総スカンを喰らいました。

笑い話のようだと言われますが、全然ギャグになっていません。ここには「自民党は経済の何たるかを知らないバカだ」の一言では済まない、根深い問題があります。

限られた国家予算というパイの中から、いかに自分の支持者向けの補助金を分捕ってくるか。そのことばかり始終考えていて、予算を多く取ってくるほど優秀な政治家として評価される世界なのです。予算を握っているのは財務省ですから、そんな政治家たちは絶対に財務省に逆らえません。

そして、この場合、自民党議員としては、いつもしていることをやっただけです。「でも、それをコロナ禍のときにやりますか?」と言っても無駄で、そういう文化が染みついているのです。

これからどうなるかわからないコロナ危機。日本人全員が困っている時に、国民生活を守るという発想がなくなっている。支持者が得する補助金さえもらえたら、ほかの国民などどうでもいい。国全体を富ませようと所得倍増を実現した池田勇人の政党では、もうとっくになくなっているのです。

自民党の中にも心ある議員はいて、ある議員は「こういう時は国民全体のことを考えるべきでは」と提案したのですが、「お前は政治をわかっていない」とバカにされたとか。何十年もそういう文化の中で育ってきた政治家が偉くなっているので、国全体を富まそうという人が無能者扱いされてしまう。

本来の健全財政とは、「いざという時に使うために、普段は贅沢するな」なのです。ところが普段から「福祉国家」を名目に、分捕り合戦をやっているから官僚支配になるし、規制が強化されて、民の活力が生まれない。不景気になれば、さらにバラ蒔き、使うためには資金が必要として増税する。すると、民の活力がさらに弱まる。その悪循環が世界で最もひどいのが日本です。

他の国はそうなる前に何とかしています。その時の合言葉が「日本みたいになるな」です。恥ずかしいことに。

民の活力を高め、国民全体を豊かにする事によって弱者を救済するという思想がどんどんなくなっています。

池田勇人のように強烈なリーダーシップで引っ張っていく人がいないと、自然とそうなってしまうという面はあると思います。リーダーシップがあっても田中角栄のように間違った方向に引っ張っていかれても困りますが、政治的な意思がまったくない状況のほうが恐ろしい。間違った思い込みを正論によって変えさせることはできますが、何も考えていない人には批判すらできない。

官僚も、池田勇人という支柱があるときは、その指示についていきました。しかし、決められた仕事をこなすのが役人ですから、リーダー不在では、そこにある仕事をグルグル回すだけです。

池田勇人と田中角栄については、少し後でお話しします。

健全財政派――実態は単なる緊縮財政

ケインズが「不況の時は政府が財政出動を」と言ったのを、普段から支持者へのバラまきに使う人たちは、実はケインジアンではなく、本質的にガラパゴス経済学です。

そうした無駄なバラマキを戒める人たちも、またガラパゴス経済学です。バラまきを戒める人たちは「健全財政派」を自認しますが、実態はどうなのでしょう。

健全財政派は、財務省の意向を忖度して動いているだけにしか見えません。しかし、本気で「健全財政」を信じている人は、実は、少ないのです。元財務省官僚が天下って国会議員になっている人はともかく、「健全財政」を大きな声で言っている人は財務省の意向に沿って生きていかなければならない人です。信念があるとは、とても思えない。

二〇一四（平成二十六）年に安倍首相は消費増税一〇％延期の信を問うために衆議院を解散し、総選挙に臨みました。この時に、普段から健全財政とそのための増税を叫んでいた議員が造反して、解散や増税延期に反対したかといえば、そんなことはありません。党内切っての健全財政派を自認する野田毅さん以外は全員、増税のことなど何も言っていなかったかのように、知らんぷりです。これは本当に、野田さん以外の自民党議員全員です。前年に八％増税を迫った麻生太郎財務大臣を筆頭に、最後は従いました。その麻生さん、野田さんを含め、離党覚悟で安倍首相に抵抗した人は一人もいません。

このように、安倍内閣時代の自民党議員は、首相と財務省のどちらが強いかを見て、風見鶏のように振る舞う議員が圧倒的多数派でした。政治家の思想とは、選挙に優先するほど強くはないのです。

理論的な裏づけがあり、本人も納得ずくで主張しているならまだいいですが、裏づけすべき財務省がガラパゴス経済学に支配されていて、まともな経済学の知見がない。ただ、財務官僚で出世する人たちは、アメリカへ行って最新の経済学を習っているはずなのですが。

なかにはクルーグマンに習っている人もいます。ポール・クルーグマン（一九五三〜）はアメリカの経済学者で二〇〇八年にはノーベル経済学賞を受賞していて、「日本のようになるな。インフレ目標の水準を引き上げろ」と言っている人です。そこで学んだはずの財務官僚は、クルーグマン先生の前で同じ事が言えるのでしょうか。彼らは、下手に頭がいいので、その場をやり過ごすことがうまい。日本に帰ってきたら、正しいことを全部忘れなければならないことがわかっているのです。

結局のところ、海外で最先端の経済学を学んだところで、それを国内で主張したら出世できない組織になっているのです。

戦時中の陸軍もそうでした。「支那事変も片付かない状況で、アメリカと戦争なんかできるわけがない」と思っていたまともな人はいくらでもいたにもかかわらず、口では逆のことを言わなければならなかった。そんな軍人の一人が東條英機です。陸軍大臣の時は、さんざんポジショントークで「アメリカにガタガタ言わすな。さっさと開戦しろ!」と首相や海軍に迫りながら、いざ自分が首相になると「海軍は対米戦の準備ができているのか?」と逆切れしながら、対米開戦を遅らそうとする。対米戦の自信がなかったからです。

もしかしたら、今の財務官僚も、政治家になったら「とても増税にできる環境にない。そんなこと強行したら責任をとらなければいけない」となるかもしれませんが、今の制度では責任は政治家だけがとるもので、官僚が叩かれることはありません。

官僚に国家経済のパイを大きくするなどという発想は出てこないし、出てきたとしても夢物語として潰されてしまいます。そんな彼らが政治家になっても昔のクセはなかなか抜けない人が多い。

そして、財務省にレクチャーを受けて「なるほど～」と納得している政治家からも、経済規模そのものを拡大しようという考えは生まれてきません。

どこを見ても「国家の支出は収入の範囲内で抑えなければならない」という発想の人たちばかり。「健全財政」と言えば聞こえがいいかもしれませんが、ケチでしみったれた夢も希望もない。しかも間違った考え方に基づいています。

財務省主計局の予算は「巨大なお小遣い帳」と言われています。そして何も考えずに「歳出を削ればよい」とする、単なる「緊縮財政」に堕しています。

小学生が、後先考えずにお金を使い果たして、あちこちに借金しているようでは先が思いやられますから、世の親は子どもに「おこづかいの範囲内で買いなさい。使ってしまったのなら来月まで我慢しなさい」と言うでしょう。

しかし、すでにお話ししたように、個人や一般家庭の家計と国家財政を同列に論じてはいけないのです。

大蔵省・財務省のトラウマ

戦後政治史で、なぜか偉人とされてしまっている総理大臣が田中角栄です。この人、ナンバー2までは有能なのですが、トップに立ったら失敗するタイプの人です。事実、田中内閣時代の経済政策は、何一つ褒めることのできない無残な失敗と化しました。

この時の田中があまりにデタラメだったので、大蔵省（現・財務省）と日銀には、羹《あつもの》に懲《こ》りて膾《なます》を吹く姿勢がこびりついてしまいました。

この時、大蔵省には「自民党政治家を甘やかしたので日本の財政がとんでもないことになった」というトラウマができました。田中角栄らのようなハチャメチャな財政出動要求をすべて呑んでいたら、いつかは財政が破綻すると警笛を鳴らしていた官僚もいたのですが、方向修正ならず、実際にその通りになってしまいました。だから財政は健全化しなければいけない、という考え方です。これにも一理はあるのですが、状況を考えずに壊れたテープレコーダーのように「財政健全化」「財政緊縮」「増税」を繰り返す。不況で国民が苦しんでいても、「増税にどれほど苦労すると思っているのか」と返してくるので、会話にならない。

トラウマ官僚にとって、借金などはもってのほか。バカのひとつ覚えのように唱える文句が「プライマリーバランスの黒字化を！」です。聞くと何かマトモなことのようですが、要するに「借金するな」「歳入以上に支出をするな」で、巨大お小遣い帳の発想です。

田中が引き起こした狂乱物価の後、次の三木武夫内閣から、バブル期の三年を除いて、ずっと赤字国債を出し続けているので、「とにかく借金はしちゃいけない」との強迫観念が頭にこびりついているのです。

実際に「こんなに借金を重ねていたら、いつか財政破綻するぞ」とは、よく聞く文句です。バブル期に『百兆円の背信』（塩田潮、講談社、一八八五年）というノンフィクション本がありました。帯は「日本の財政を大破綻させた元凶は誰なのか！　一二〇兆円を超す国債地獄。手のほどこしようもない程ふくれあがった借金財政の張本人は誰か。その実態を暴き、大蔵官僚と政権亡者たちの責任を鋭く追求する」となかなかに勇ましい。

本文にはもう少し詳しい数字が書いてあります。

第二次中曽根内閣がスタートしてからすでに相当の時間が経過したが、……五十年十二月に赤字国債の発行に道が開かれてからも九年余の歳月が流れた。国の借金はそのあいだに増加の一途をたどり、五十九年度末には国債の発行残高は総額で一二二兆円という巨額に達する見通しとなった。それにともなって借金の利払いなどにあてる国債費も五十九年度予算で九兆一〇〇〇億円余に上っており、一般会計（約五〇兆六〇〇〇〇億円）の一八パーセントを占めるほどの惨状を呈している。

塩田、二四七頁

「あとがき」では、これをサラ金地獄に例えています。

サラ金苦なら、当人の無知や怠慢が原因なんだからと聞き流すこともできるが、財政破綻の場合はそうはいかない。というのも、財政運営に携わってきたのが、「エリート中のエリート」と呼ばれる大蔵官僚、それに戦後約四十年にわたって日本の政治を動かしてきた保守党の政治家たちだったからだ。いわば戦後史をつくり上げた中心人物たちが日本の財政を破綻寸前にまで追い込み、サラ金地獄ならぬ国債地獄を生み出していたのである。

塩田、二五三頁

「一〇〇兆円も借金したら、もうすぐ国が滅びるぞ」という勢い。この本ばかりではなく、メディアはこぞって、こんな論調でした。大蔵省の総意がこれだから、こういう本が出るのです。

で、その後、破綻しましたか？　現在では一〇〇兆どころか一〇〇〇兆円を超えていますが、ぜんぜん破綻しているように見えませんが。

それでも、あいも変わらず、いまだに「国の借金が～」とあちこちで言われていて、日本が特に借金漬けになっているような印象操作がされています。

諸外国の借金はもっと増えているのに、そんなことは言わない。「公債のドーマー条件」って知らないのですね。要するに、稼ぎが借金の利子より上回っていたら借金しても大丈夫です。

財務省ＨＰ「日本の国債は破綻しない」

繰り返しますが、管理通貨制は国家が滅びないのが前提です。

政府や国家があまり信用されていなかったときには金本位制がとられ、金で通貨の保証をしなければなりませんでしたが、管理通貨制の今、政府の信用でいくらお札を刷っても構いません。インフレだけが気にしなければならないことです。

実際に財務省は、海外に向けて「日本の国債は破綻しません」とホームページで発信して

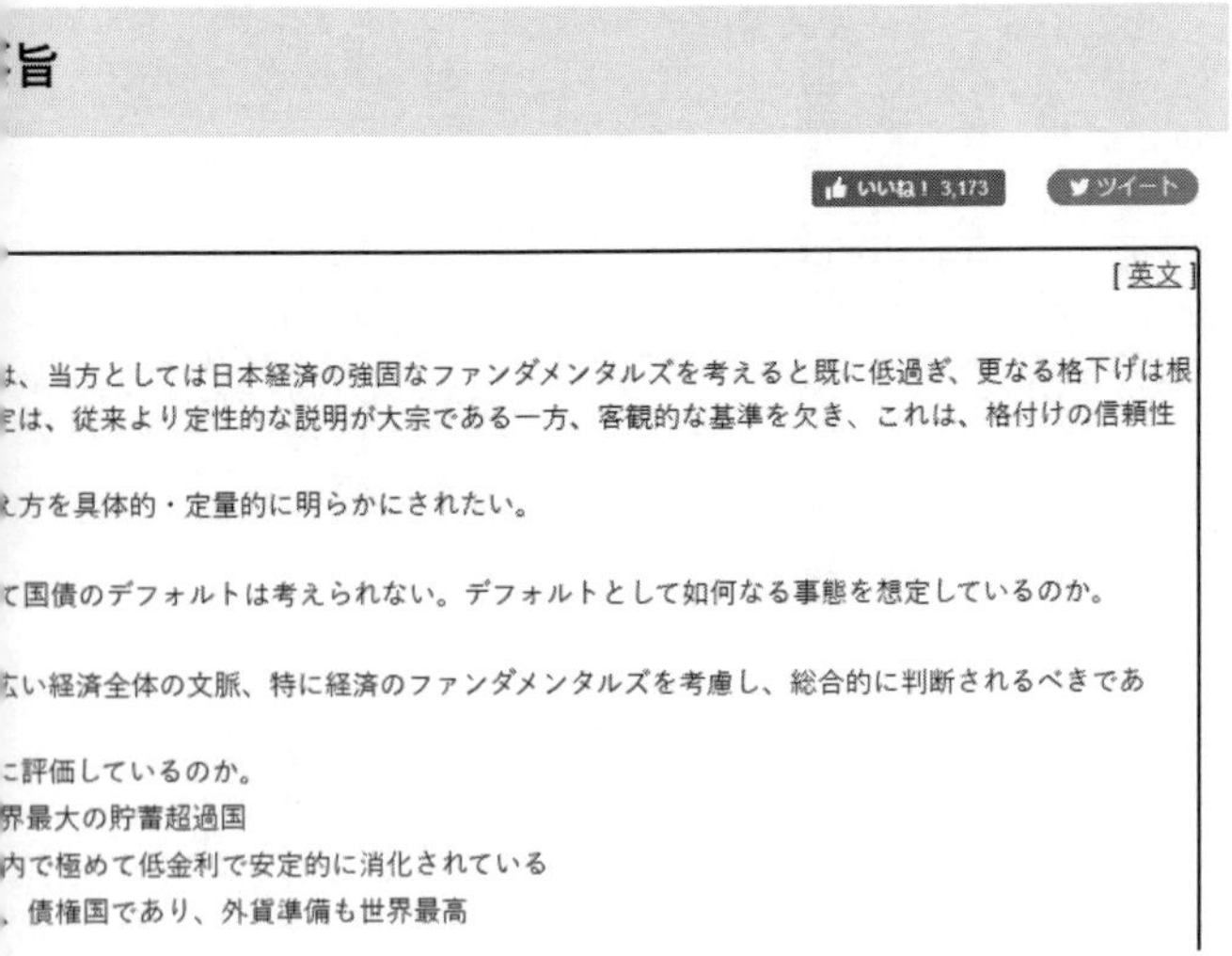
旨

いいね！ 3,173　ツイート

［英文］

は、当方としては日本経済の強固なファンダメンタルズを考えると既に低過ぎ、更なる格下げは根
定は、従来より定性的な説明が大宗である一方、客観的な基準を欠き、これは、格付けの信頼性

え方を具体的・定量的に明らかにされたい。

て国債のデフォルトは考えられない。デフォルトとして如何なる事態を想定しているのか。

広い経済全体の文脈、特に経済のファンダメンタルズを考慮し、総合的に判断されるべきであ

に評価しているのか。
界最大の貯蓄超過国
内で極めて低金利で安定的に消化されている
、債権国であり、外貨準備も世界最高

https://www.mof.go.jp/about_mof/other/other/rating/p140430.htm

います（上）。

「外国格付け会社宛意見書要旨」によると「日・米など先進国の自国通貨建ての国債のデフォルトは考えられない」と財務省がはっきり書いています。

「日本は世界最大の貯蓄超過国」「日本は世界最大の経常黒字国、債権国であり、外貨準備も世界最高」と、国債の格付けが低いことに対して「そんなに低いわけないだろ！　日本の国債ほど優秀なものはない」と散々に文句をつけています。

　それなのに、国内では借金してはいけないという全く矛盾した論理がまかり通っています。「国の借金が一〇〇〇兆円を超えた！　国民一人当たり、生まれながらにウ

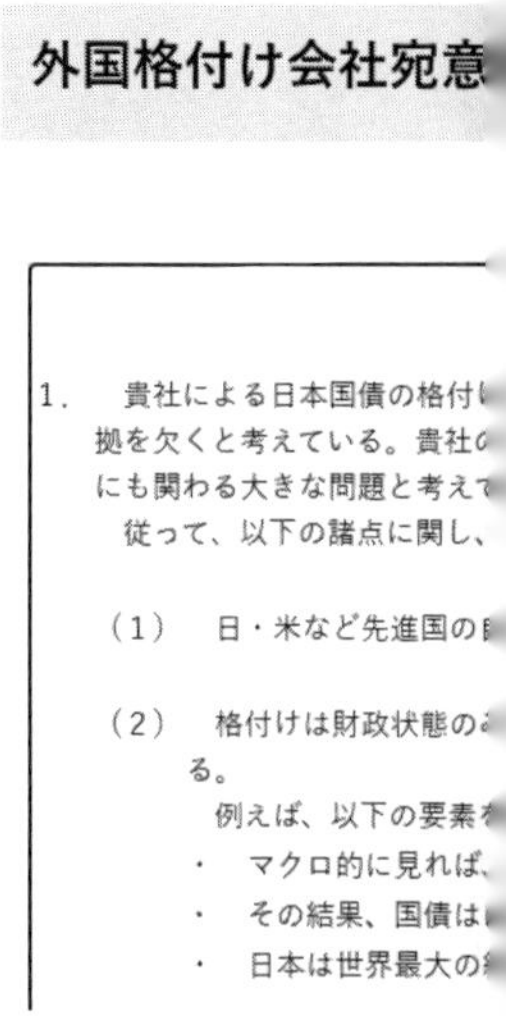
外国格付け会社宛意

1.　貴社による日本国債の格付
拠を欠くと考えている。貴社の
にも関わる大きな問題と考えて
従って、以下の諸点に関し、

（1）　日・米など先進国の

（2）　格付けは財政状態の
る。
例えば、以下の要素
・　マクロ的に見れば、
・　その結果、国債は
・　日本は世界最大の

ン千万円の借金を背負っている！　これでいいのか～」と、昔から言われ続けていますが、いっこうに問題が起こらないので、財務省の言うことを信じない目が覚めてきた国民も増えていますが、まだまだ少数派です。

しかし、「外国格付け会社宛意見書要旨」でも、財務省自らが「デフォルトとして如何なる事態を想定しているのか」と怒っているぐらいですから、「財政破綻」になどならないのです。

実は「政府の借金」＝「国民の債権」です。ですから、「財政破綻を防ぐためには増税を！」など、ますますわからない。借金をしておいて、貸してくれた債権者からカツアゲしようとは、たいした恩知らずぶりです。こうなると、もうガラパゴス経済学ですらありません。

本来の健全財政とは、「防衛・外交など、国にしかできないもの以外は、国民の自由な活動に任せるから、国家予算で賄う必要がない。だから、自由に稼いでもらって、自然に入ってくる税収だけで国の支出を賄うことができる。そのため国民に自由に活動してもらう、そのための条件を整えるのが仕事。その代わりイザという時にはドドンと使うために国庫を豊かにしておかなければならない」です。

ところが、今いる「健全財政派」は信念も理念も論理もなにもない、ただの二枚舌。本来の健全財政とは、あまりにもかけ離れています。

「健全財政」を語っていても、彼らのやっていることは、実は、緊縮財政です。

緊縮財政とは、「とにかく借金するな。絞りとれ！」です。必要かどうかを勘案していたら無限に借金が増えるので、できるかぎり財布の紐をしめなければならないと絞るだけ絞ろうとするのが緊縮財政です。だから健全財政と緊縮財政は全く違う概念です。

ところが財務省の人間は、この違いがわからないようです。

狂った積極財政のあとに緊縮財政

もっとも、健全財政の度が過ぎると、緊縮財政になりがちであるというのも歴史的傾向です。

特にキチガイじみた積極財政派が出てきた後には緊縮財政にせざるをえなくなります。古くは大隈重信が西南の役の後のインフレ時にインフレ政策をとり、後任の松方正義が健全財政を通り越して緊縮財政になってしまった事例があります。

また、戦前の二大政党時代、政友会がハチャメチャなバラマキをやるので、対抗する民政党が、これまた健全財政を通り越して緊縮財政に陥ってしまったことがあります。

現代では自民党が強いので、大蔵省・財務省の中の本物の健全財政派がどんどん少数派になってしまいました。

もっとも、大蔵省・財務省にも思惑があります。彼らも、実は、健全財政という名の緊縮財政なんか、やりたくない。緊縮財政を本気でやりたいと思う人は、矢野康治元次官のように「原理主義者」と呼ばれてしまうわけです。私が名づけたら、いつのまにか定着してしまいました。それに、根っからの増税原理主義者でも「政治と妥協したら事務次官にしてやるぞ」と言われたら諦めます。矢野さんは例外中の例外でしょう。

何より、財務省にとっては政治家と他の官庁を支配することのほうが大事なのです。たとえば「福祉に予算をつけてくれ」と言う自民党議員に予算を割いてやることで恩を売り、実質的に支配する。

「国の借金が増えていて、大変だ」→「増税しなければ」と言い続け、実際に増税がなると、さらに支配力を強めることができ、財務省としてはウハウハという歴史を繰り返してきました。

財務省も自民党も狂っています。

しかし、対抗すべき批判派（野党）が、これまた狂っているので、狂った連中でも自己正当化できてしまうのでした。「あいつらに政権を渡せますか？　あいつらよりマシでしょ？」と言われて「う〜ん」としか言えない。

積極財政派は「バラまきケインジアン」

自民党内で、健全財政派（実は緊縮財政派）と対立するのが積極財政派です。この人たちは基本的に、当のケインズ先生が最も戒めていた、バラまきケインジアンです。「国家経済のパイを大きくする」という発想がないのは緊縮財政派と同じです。ケインズは不況の時にはパイが大きくならないので力ずくで大きくしようと言っただけです。しかし、バラまきケインジアンには、そんな前提はなくなっているので、厳密にはケインジアンですらない。本人たちはケインジアンのつもりかもしれませんが、ガラパゴス経済学に戻っています。

国家経済のパイを大きくするなど子どものファンタジーで、選挙区や支持団体に予算を分捕ってくるのが立派な大人であるという人々です。そのため、補助金さえくれれば増税も容認します。防衛問題は二の次、三の次、というか、はっきり言って無関心。防衛費増額によって、自分の支持者への取り分が圧迫されるなら反対です。国防族はあまりにも力が弱いので存在しないに等しい。

この積極財政派の中にＭＭＴとリフレ派（正統派）が同床異夢という、でたらめな構図が現在の自民党です。ＭＭＴ派は言うことがメチャクチャなので、さすがに自民党でも少数派です。「予算が取れればいい」と思っている人々ですから、リフレ派（正統派）とは同床異夢ですらないかもしれません。ＭＭＴについては触れたくないのですが、一応触れますのでしばしお待ちを。

つまり政治家には、景気がよくなるかどうかといったマクロ経済に関心を持つ人が少ないのです。

ミクロ経済的な予算の分捕りのためにそれぞれの政治家の専門分野があって、コロナ禍にあっても「肉だ」「魚だ」となるのです。

県会議員と一緒です。国会議員がみな県会議員経験者ではありませんが、県会議員のような分取りを行うのが優秀な国会議員であるという文化が出来上がっています。県会議員は、その県の限られた予算をいかに効率的に配分するかが仕事です。それはそうでしょう。県には独自の徴税にも限界がありますし、何より地方自治体には通貨発行権がありません。その発想で国全体のマクロ経済を語れば、正しい知見が出て来るはずがありません。

スミスやケインズが説いた「国家経済のパイを大きくする」という近代経済学の前提が概念としてない前近代人。水野忠邦ばりに「経済は命令できる」と思っていて「景気は政治の力でよくできる」という概念を持っていない。そもそも関心がないし、勉強もしていない。官僚連中のほうが一回りも二回りも頭がいいので、霞ヶ関のガラパゴス経済学にすぐに劣化洗脳されてしまう始末です。

MMT、ガラパゴス経済学の国に闖入

末期症状のガラパゴス経済学が主流という不思議の国日本に乱入してきたのがMMT(Modern Monetary Theory 現代貨幣理論)です。ウィキペディア的には「ケインズ経済学・ポストケインズ派経済学の流れを汲むマクロ経済学の一つ」で、MMTを主張する人々自身もケインジアンと思っていますが、MMTはアメリカでも異端で、その内容は社会主義です。

スリランカはＭＭＴを実行して破綻しました。それに対してＭＭＴの学者連中がなんと言ったかというと「あれは真のＭＭＴじゃない」です。

かつて、ソ連が崩壊したとき、日本共産党は「あれは真の共産主義じゃない」と言いましたが、それを彷彿とさせます。

ＭＭＴについて詳しく知りたいという人は井上智洋『ＭＭＴ　現代貨幣理論とは何か』（講談社選書メチエ、二〇一九年）を読んでください。「ちゃんとした経済学者が無理やりＭＭＴを弁護するとこうなる」という本です。

以下、井上氏の解説に従い、話を進めます。ＭＭＴの主張は大きく三つあります。

ＭＭＴの主張（1）財政的な予算制約はない

管理通貨制の国では、政府はいくら自国建ての国債を発行しても財政破綻しません。

管理通貨制に至るまでの人類の交易について簡単にまとめます。

最初の交易は物々交換であったと考えられますが、そのうち持ち運びに便利で誰もが欲しがるものが通貨となりました。当初は金や銀など、そのものが価値をもつ物質が通貨として機能しました。いつ潰れるかわからない国や政府のもとでは通貨、特に紙幣は成り立ちません。

後に国家が安定してくると、それ自体は額面の価値を持たない紙幣やコインが登場します。確固とした国があってはじめて紙切れでも機能するのです。しかし、「いくらの金と交換できる」という裏付けが、貨幣の価値を担保していました。中心的な役割を担うものの名を取って金本位制や銀本位制などと言われます。

貨幣の抽象化を、さらに一歩進めたのが管理通貨体制です。

世界が金本位制から管理通貨制に完全に移行したのは一九七一年、アメリカが金とドルの交換を停止したときです。各国が変動相場制に移行しました。ニクソン・ショックとも言われます。すなわち、管理通貨制には、たかだか五十年の歴史しかないわけです。

管理通貨制は政府の信用に基づいているので、政府はいくらでも通貨を発行することができます。

ガラパゴス経済学が、そこそこ説得力を持つのは、実は、つい半世紀前までの金本位制の時代にはまだまだ通用していたからです。保有する金を基準としてしか通貨を発行できないので信用創造に限界があるのです。

火を見て喜ぶ原始人

なお、「信用創造」とは、銀行がその預金の何倍もの預金通貨を創り出すこと。ないお金があたかもあるかのように扱われることです。詐欺のようですが、これが銀行のしくみです。

信用創造　銀行がその社会的信用を背景に、預金量をはるかにこえる資金を貸し出すこと。銀行は集めた預金のなかから支払い準備金を残し、それを上まわる資金を、現金を動かすことなしに企業などに貸し出す。それは多くの場合、企業間の取り引きには現金が使われず、銀行は貸し付けを行う企業の当座預金に入金し、その企業は取引先の決済には小切手などを利用するからである。この信用創造によって、銀行は預金量以上の貸し出し能力をもつことになる。

『用語集　現代社会＋政治経済』清水書院

これを簡単に説明します。

たとえば、A銀行がB社に一〇〇万円貸し出すとしましょう。A銀行はB社に預金口座を作ってもらい、その口座に一〇〇万円を入金します。この際、A銀行は物理的に現金を一〇〇万円用意する必要はありません。単にB社の預金通帳に「一〇〇万」と印字するだけです。

B社は預金の一部を引き出すかもしれませんが、安全性を考えて、大部分は引き出さないでしょう。たとえば、B社が預金の一部を仕入れ先のC社に支払うのに使うとしたら、現金をもっていくのではなく、預金の振込・振替で払うのが普通です。C社にしても預金を全額引き出すようなことはしないで、大部分は預金したままでしょう。大部分の預金者は預金を引き出しにきませんから、銀行が引き出しに備えて用意しなければならない現金はわずかです。

いざという時の現金引き出しに備えた最低限の準備さえあれば、銀行は手持ちの現金の何倍もの貸し出しができます。中央銀行の供給するお金が、銀行の貸し出し行動によって何倍もの預金を生み出すプロセスを「信用創造」と呼びます。

なお、実際には預金一〇〇万円に対して支払準備金一〇万円を残さなければならないので、貸し付けることができるのは九〇万円ですが、わかりやすくするために単純化しました。

いずれにしても、銀行があちこちに貸し出しているお金の総額がどこかに実際にあるわけではなく、「信用」でもって貸し借りが行われているのです。

これは資金がうまく回っている間は問題がありません。しかし、いったん「信用」が失われ「あの銀行はヤバい」ということになって預金者が全員預金を引き出そうとすると、とたんに「焦げつく」わけです。

偉そうにメディアで発言する人でも、この「信用創造」のしくみを知らない人がいて、あきれます。原始人レベルの知識しかなくても言論人を名乗っていられる。さすがガラパゴス経済学が主流の国です。

ＭＭＴの理論を聞いて感動している衆議院議員の動画が流れてきたのですが、ある人が「火を見て喜ぶ原始人」と評しました。言い得て妙です。

「政府はいくら自国建て国債を発行しても財政破綻しない」は新しくない

通貨を発行しすぎるとインフレになります。ですから、行き過ぎたインフレにならない程度に抑えなければなりません。

もう一度言います。管理通貨制の国では、政府はいくら自国建ての国債を発行しても財政破綻しません。しかし、このことはMMTに言われるまでもなく、まともな経済学者なら誰でも言っていることです。ところが、さもMMTオリジナルの主張であるかのようにMMT論者も言うし、日本にもそのように受け取っている人が大勢いることに驚きます。

どうもMMTをめぐる議論をしている人々には先行研究の整理という概念はないようです。誰が何を言っていたかを整理しさえすれば、この主張が新しくも何ともないことがすぐにわかるはずです。

スティグリッツやクルーグマン、バーナンキなど、世界の主流派経済学者の誰もが認める規定の事実であって、珍しくもなんともない。これを否定するのはガラパゴス経済学くらいです。

あまりに誤解されているので繰り返しますが、「管理通貨制の国では、政府はいくら自国建て国債を発行しても財政破綻しない」はごくごくまともな通説。当たり前のことなのです。

したがって、まともな経済学者は、とっくの昔からこれを言ってきました。

ところが、日本国で主流のガラパゴス経済学がこれを認めないので、MMT賛成派も反対派も経済学上の新説であるかのように捉え、あろうことか真っ当な経済学者までが珍説MMTと同列に扱われてしまって「おまえはMMTか」と非難される始末。「いえいえ、私は決して怪しいものではございません」と言い訳しなければならない現状となり、困っています。

私は、それを逆手にとって、ガラパゴス経済学を主張する人と話す時、まず「私もMMTは大嫌いです」と言うのです。すると、ちょっと心を開いてくれます。

昔、大蔵省は消費増税に反対する勢力に向かって「それ共産党と一緒ですよ」と言っていましたが、最近は経済に関して正論を言う人に対して「それ、MMTですよ」と言うらしい。某自民党代議士が教えてくれました。

某代議士「MMTって、リフレ派のことですよね」
私「それ、誰から聞いたんですか?」
某代議士「財務官僚が、この前、そう言っていました」

ということなので、間違いありません。財務省はガラパゴス経済学の地に入ってきた新しい敵ＭＭＴをうまく使っています。よりによってトンデモ理論ＭＭＴの正しいところ、つまりリフレ派（正統派経済学）と共通する点をとりあげて、リフレ派もろとも悪者にする策に出ています。

マトモな人は、ＭＭＴのとばっちりを受けて大迷惑です。

国債は貨幣のようなもの

貨幣も国債も政府の債務証書です。貨幣は「決済と納税が可能な無利子永久債」であり、国債は「決済と納税には使えない有利子貨幣」（井上、前掲書、五六～五八頁）とも言えます。

国債発行もまた通貨発行と同様に、お金の流通量を増やす措置です。

第一章でも触れましたが、「国の借金が～」と言って一般人の危機感をあおる財務省のウソには、多くの国民が気づき始めています。

欧米は日本よりも速いペースで借金を増やしていて、二〇二二年三月、アメリカの公的債務残高は三〇兆ドルになりました。一ドル＝一四〇円として四二〇〇兆円です。国債など連邦政府の債務が約二三兆五〇〇〇ドル、こちらだけでも三〇〇〇兆円を超えています。

経済学者の永濱利廣氏によると、「二〇〇一年の政府債務を一〇〇とした場合、最も多い

G7諸国の政府債務残高

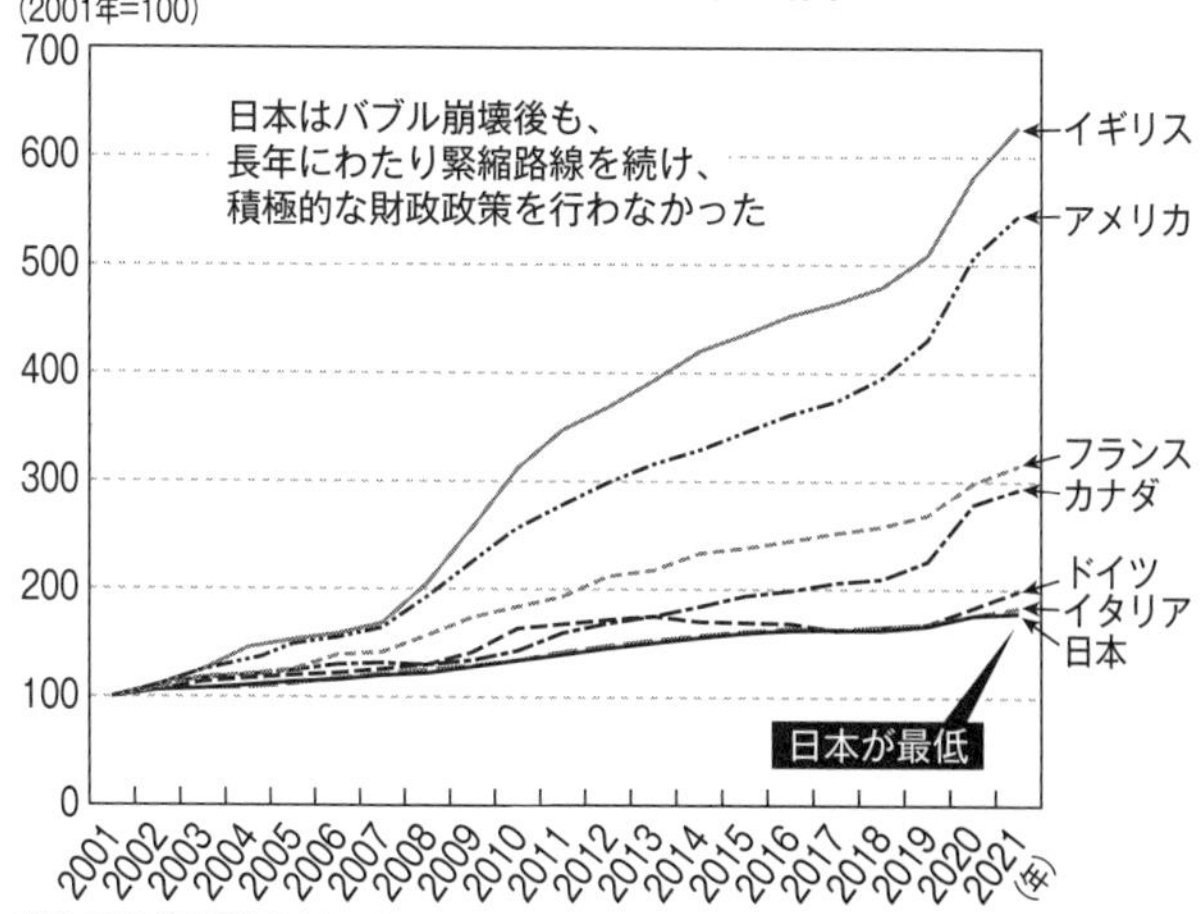

出所：IMF（永濱『日本病』p97）

イギリスでは六倍以上、アメリカで五倍以上、フランス、カナダも約三倍、ドイツで二倍程度になっています。これに対して日本とイタリアは二倍にも満たない状況です（永濱利廣『日本病　なぜ給料と物価は安いままなのか』講談社現代新書、二〇二二年、九六〜九七頁）。

「国の借金が一〇〇〇兆円ある」と大騒ぎする人に言ってあげましょう。「だから、何？」

彼らは国が破綻するのではないかと余計な心配をしていますが、ガラパゴス経済学から抜け出せないでいる原始人と言うべきでしょうか。

『文藝春秋』二〇二一年十一月号に矢野康治財務事務次官（当時）が「このままでは国家財政は破綻する」との論文を執筆し、「矢野理論」などと呼ばれましたが、これに対しても「だから何？」で終了。

そもそも厳密には、矢野理論と亜流のガラパゴス経済学の皆さんが「財政破綻」とは何のかを定義しないで議論しているので、会話の成立しようがないのです。だからＭＭＴがマトモなことを言っているように見えるのです。

ＭＭＴの主張（2）金融政策は有効ではない（不安定である）

ＭＭＴは「金融緩和は有効ではない。効果があったとしても不安定である」としています。「金融緩和は効かないから財政出動しろ」と。

しかし、井上先生によると「単なる仮説」あるいは「主流派との違いは程度問題にすぎない」で終了です。

井上先生はお優しいのでこの程度の表現ですが、厳しい先生だと「立証してからモノを言え」と叱責されるでしょう。

ＭＭＴの主張（3）雇用保障プログラムを導入すべし

三番目の論点は、これこそがＭＭＴのオリジナルです。

ＪＧＰ（Job Guarantee Program＝雇用保障プログラム）。「失業者には国家がその人に合う仕事を用意せよ」です。

これでは、社会主義です。

主張（１）「財政的な予算制約はない」はＭＭＴに言われるまでもないことですし、主張（２）「金融政策は有効ではない」は単なる仮説です。この二つを除いたら、社会主義しか残らない。つまり、ＭＭＴの正体は社会主義です。

ガラパゴス経済学が幅をきかせているものですから、（１）だけを聞いてＭＭＴが何かいいことを言っていると勘違いしている人が多いようです。全体像を知らずに「ＭＭＴって、いいことを言っていますよね」と言う。

「いいことを言っている」じゃなくて「いいことも言っている」のです。ガラパゴス経済を批判している部分は真っ当ですが、それは他の経済学者も言っていることであって、ＭＭＴに心酔する前に、正統派経済学を勉強してください。

ＭＭＴの真の主張は社会主義的な政策にあるので、安易に褒めたたえてはいけません。

ＭＭＴはケインズ的と言うより、マルクス的と言うべきでしょう。

マルクスが忘れられず「環境」に走ったリベラル

隠れマルクス主義のMMTだけでなく、はっきりとマルクス主義の後継者に位置するリベラルはどうしているでしょうか。

共産主義国となって成功した国は皆無です。ソ連圏の完全な失敗を見ていますから、共産主義など、もう世界中でほとんどの人から相手にされません。しかし、ヨーロッパのマルクス主義者は頭がよく、環境派となって見事にカモフラージュしています。

環境保護を唱える「緑の党」などが欧州では一定の勢力を持っています。彼らのシンボルカラーは緑。それで、彼らはスイカと言われています。スイカの外側は緑色ですが、中身は赤いですね。緑（環境保護）のふりして中身は赤（共産主義）です。もはや共産主義を声高に叫んでも誰もついてこないから、もっともらしく環境保護を絶叫しているのです。

日本では共産党という堂々と共産主義を名乗っている党が一定の議席を占めているからか、あまり環境保護政党の力は強くありません。しかし、世界的には大きな勢力となっています。

とはいえ、立憲民主党など、リベラル勢力の中にはこの環境派が一定数います。日本のリベラルもまたマルクスが忘れられず環境に走った口なのです。立憲民主党も一枚岩ではなく、なかには良識派もいて、彼らは「環境ファシスト」に苦しめられています。環境と言えば何でも押し通ると思っているから、異論を許さないファシストと同じです。

環境ファシストは共産主義の亜流です。もっともらしいことを言っていますが、環境問題は隠れ蓑なので、注意しましょう。

最近でも、「地球環境が大事だ。経済成長をやめよう」などと主張した、斎藤幸平『人新世の「資本論」』（集英社新書、二〇二〇年）などという奇書が、四五万部のベストセラーとなりました。一定の影響力を持っていますし、リベラル系の政治家は飛びついています。

このようにヨーロッパや日本でも名前を変えた共産主義が生き残っていますが、逆に共産主義を標榜しながら全然違うことをしているのが中国です。現実的な中国人はとっくにマルクス主義を信じていません。政治的にはもちろん、その経済学など、もっと信じていない。世界で最もマル経が相手にされないのは中華人民共和国です。

ところが、現在の日本の状況はといえば、ガラパゴス経済学の信奉者が圧倒的に多数を占め、そこにＭＭＴが乱入し、キワモノ扱いされながら、間違った理解に基づいて賛否両論を戦わせている。

一方で環境ファシストがトンチンカンで狂ったことを言っているが、政策決定においては、すっかり蚊帳の外。邪魔にはなるが、幸か不幸か、ほとんど影響力はない。

リフレ派（正統派経済学）は、ごくごく少数派で虫の息。

はあ。

思わずため息が出てしまいます。

第四章

戦後日本経済政策の何が正しく、何が間違っていたのか

黒田日銀はマトモに評価されてこなかった

黒田東彦日本銀行総裁の任期切れが近づいてくると、経済紙誌インターネット媒体は黒田批判の大合唱でした。

曰く、「悪い円安」「給料が上がらないのに物価だけが上がり生活が苦しい」「金融緩和は十年やっても効果が無かった」「ポスト黒田には金融政策の転換が求められる」「一日でも早く黒田を首にしろ」等々。

ついでに、「黒田さんはスーパーマーケットに行かないので、庶民の気持ちがわからない」というのもありました。中央銀行の総裁がやりくり主婦のように「近所のスーパーを三軒くらい回って、一番値段が安い店で買う」みたいなことをされても困りますが。ここまでこの本を読んでこられた方は、なぜ困るのか意味がわかるでしょう。目の前に表示されているモノの値段は、あくまで一現象。経済全体ではないのです。中央銀行総裁が相手にするのはマクロ経済であって、目の前のミクロではないのです。

それにしても「悪い円安」と言うけれど、じゃあ円高のほうがよいのでしょうか。平成のデフレ不況では最悪時には、一ドル＝七五・九五円です。二〇一一（平成二十三）年のことです。地獄の不況でした。それの何が良かったのか。この年の株価は、最高が一万八〇〇〇円、最低は八一〇〇円です。今年二〇二三（令和五）年一月は、二万五〇〇〇円でスタートしましたから、どれほど悲惨だったか。円ドル相場の開始値は一三三円。昨年は最高一四八円の円安に振れましたが、今は戻っています。「止まらない円安」って、何だったのか。

よくわからない政党のよくわからない議員が、わざわざ黒田総裁を国会に呼びだして、「円安って良いことなんですか、悪いことなんですか。それだけが聞きたい！」と問い質していました。黒田総裁の答えは、「基本的には良いことだが、急激すぎるのは悪い」と簡潔にお答えしていました。そんなの、忙しい中央銀行総裁を呼び出さなくても、私でも答えられます。この議員は、ワイドショーが煽るから、パフォーマンスで黒田総裁を呼びつけたのでしょう。

はっきり言いますが、『日経新聞』や『東洋経済』やワイドショーの言う通りにしていたら、景気がよくなるのか。金融緩和をやめろと言うけれど、それで景気がよくなるとは一言も言っていないところが、無責任極まりない。酷いのになると、「さっさと利上げをしろ」と言い出す。収入が増えていないのに利子が高くなったら、企業も個人もお金を借りづらくなります。変動金利でお金を借りている人は、本当に即死しかねないでしょう。今は金利がマイナス金利で低いので、変動金利で借りている人は多いですから。即死と言うのは、比喩ではありません。経済政策を誤れば死人が出ますし、多くの人々の人生を狂わせます。

一九九八（平成十）年に地獄のデフレ不況が始まった時は、自殺者が前年より八〇〇〇人増えて年間三万人台に突入しました。いくら安倍晋三元首相を批判しても、年間自殺者を一万人減らした功績だけは認めるべきでしょう。

経済学の常識で、黒田日銀の十年を評価しましょう。「円安は急激なのが困るだけで、円高よりはよい」「給料は上がり始めている」「金融緩和はあと少し、黒田退陣後半年でも続ければ、デフレ完全脱却が可能なところまで来ている。未来永劫、金融緩和など続けるのも異常でポスト黒田の五年間のどこかで出口戦略が必要だが、早すぎる引き締めはすべてを台無しにして地獄のデフレに逆戻りになる」です。

では、どうしてそうなるのか。戦後の経済政策を振り返ると、自然と結論が出ます。

池田勇人が日本を世界一豊かな国にした

私は常日頃から池田勇人を戦後最高の総理大臣であると高く評価しています。首相在任は、一九六〇（昭和三十五）年七月から六四年十一月です。

池田勇人

戦後、焼け野原だった日本が復興し、もとに戻るのが前任の岸信介内閣の頃ですが、さらなる飛躍、高度経済成長を実現したのが、池田内閣です。この高度成長がなかったらどうなっていたことか。

池田勇人は日本を事実上、世界一豊かな国にしました。日本はGDP世界第二位の経済大国となり、その後、二度の石油ショックなどの不況に苦しむも、一九九〇年代前半までは右肩上がり。池田の高度経済成長の遺産です。そして、ついには一人当たりGDP第三位の地位が指定席のようになりました。ちなみに一位はルクセンブルク、二位はスイスです。日本で言えば、地方自治体規模の小国です。一億人の人口を抱える日本が、そんな国と同じくらいの一人当たりGDPなのですから、驚異です。

総合GDP第一位の超大国アメリカも一人当たりGDPで一〇位前後のところにありますが、国内の貧富の差が激しく、平均値を取るとそうなるけれど、世界一の金持ちと世界一の貧乏人が同居している国で、国民全体が豊かとはとても言えません。

その点、日本は「一億総中流社会」と言われ、極端な金持ちもいない代わりに極端な貧乏人も作らないという政策をとっていました。ですから、みんなが豊かさを感じる世界一の経済大国、世界一豊かな国です。

それが九〇年代からは、デフレ不況に苦しみ、失われた十年、二十年、三十年とだんだん失われた年数が伸びています。なぜ失われ続けているのでしょうか。

それをさぐるために、まず、池田勇人が何をして成功したのかを振り返ってみましょう。

成功の秘訣その一――一ドル＝三六〇円を認めさせる

池田勇人が成功したのは、彼が日本の経済力を熟知し、何をどうしたらいいかがわかっていて、それを全部実行できた強い総理大臣だったからです。

敗戦日本を会社にたとえると、ブラック企業に乗っ取られ、その傘下に入れられた子会社です。親会社アメリカは乗っ取った子会社ジャパンを発展させるどころか、つぶす気満々で、ＧＨＱというろくでなし連中を経営陣として送り込んできました。

子会社重役と言うべき池田勇人大蔵大臣は、ＧＨＱのあらゆる理不尽な要求をのみながら、一ドル＝三六〇円の固定相場制だけは認めてくれるように懇願します。適正な為替レートは一ドル＝三〇〇円程度だったのを、「他のことは全部おおせの通りにいたしますので、この一点だけはお願いします」とブラック企業で働くサラリーマンにありがちなやりとりで、押しました。六〇円のハンデをもらえれば輸出に有利です。同じ一ドルのモノを売っても六〇円違います。たとえば、一億ドルの売り上げが三〇〇億円と三六〇億円だと、六〇億円の差です。一ドルが三〇〇円ではなく三六〇円なのは、売れば売るほど儲かる仕組みなのです。

世界一の超大国のアメリカと三等国に転落した日本ですから、それぐらいのハンデをつけても問題ないだろうということで通りました。実際にどんな懇願をしたのかは記録にないので、わかりません。

むしろ懇願をしていないかもしれません。さんざん理不尽な要求を聞きながら、一つくらいはサラリと通す。要求していた側も「それくらいなら」と、あっさり認める。というようなやりとりは、よくある話です。そういう時、ことさらに重要な問題であると懇願すれば、「じゃあ認めない」と藪蛇になりかねません。ＧＨＱはそういう奴らです。

ちなみにですが、教育勅語が廃止される時に日本側は「これは危険な思想ではなく、立派な日本人を育てるための道徳なのだ」と懇願したら、「じゃあ廃止しよう」となりました。占領軍は日本の総力を潰しに来ているので、立派な日本人なんか育てられたら困るのです。そう考えると、熱心な懇願などせず、ドサクサに紛れてシレッと通したと考えるのが自然でしょう。

いずれにしても、池田が財政を指導してアメリカと事あるごとに交渉していた時に、一ドル＝三六〇円の固定相場が決まりました。これが実に大きかった。

当時は金本位制です。金本位制とは、政府の発行する通貨は金と交換できるので、信用を持たせる制度です。だから、政府は保有している金の量に合わせてお札を刷ります。金の保有量に合わせてアメリカがドルを刷ると、一ドル＝三六〇円で固定されている円もまた刷らなければならないメカニズムになっています。

これが池田の成功の秘訣その一です。

成功の秘訣その二――利上げをしたがる日銀を抑えこむ

安倍晋三首相が黒田東彦総裁を送り込むまで、日銀は金融緩和（お札を刷ること）に抵抗しました。池田時代の日銀も同じです。日銀は、「利上げをすれば勝ち、利下げをすれば負け」との価値観ですから、公定歩合の引き上げを常に狙っています。

公定歩合とは、日銀が市中銀行に貸し出すときの利子です。お金を借りるには利子が安いほうがいい。一〇〇万円借りて一〇三万円返さなければならないときよりも、一〇一万円しか返さなくていいときのほうが借りやすいに決まっています。

これを上げたり下げたり操作することによって、景気を調整するのです。ところが日本銀行は国家経済・国民生活がどうなろうが、金利を上げたほうが勝ちという謎の価値観を持っているのです。これを「日銀理論」と言います。

なぜそんな、カルト宗教のような信仰を持っているのか。

色んな理屈が考えられますが、日銀が「銀行の銀行」だからでしょうか。銀行にお金を貸すから、銀行の銀行です。日銀には、「子分である市中銀行を親分として守らねばならない」との意識が強いのです。銀行は利子が高いほうが儲かるので、金利を上げたがるのです。

速水日銀総裁（在任：一九九八年三月〜二〇〇三年三月）の時代は小渕内閣の財政出動にあわせて、どんどん金利が下がって、世界初のゼロ金利政策がとられました。速水はプライベートで、銀行業界の仲間と会うたびに「年金生活だから金利を下げられたら生活が苦しい」と文句を言われたそうです。個人的にはゼロ金利をやめたくてやめたくてしかたがなかったという人でした。

バブル期には最高で金利七％の時がありました。一億円持っていたら、毎年七〇〇万円入ってくる。私なんか、「さっさと景気を回復させて、金利を七％に戻せばいいじゃないですか」と思うのですが、そういう理屈が通じないのが銀行です。

池田勇人の時代も、日銀は金利を上げたかった。そして、池田首相にも何度も要請があったのです。また、日銀は「独立を認めるよう法改正をしろ」と言ってきますが、池田は一蹴します。

当時も当然、賛否両論あったわけですが、池田は、周囲の反対を抑え、日銀にも誰にも邪魔をさせませんでした。そうやって企業がお金を借りやすい環境を作り上げたのです。

逆に日銀側から見ると、池田勇人は極悪人でしかありません。「あいつは金利をあげさせなかった。しかも中央銀行の独立を認めなかった。許せん」と。

池田が日銀を抑えたといっても、「日銀」は人間の集合体です。日銀内部に信頼できる人物を送り込むという方法をとりました。

池田時代の日銀総裁山際正道《やまぎわまさみち》（任：一九五六年十一月～一九六四年十二月）は池田の大蔵省時代の同期で、『日本銀行百年史』では大悪魔の如く罵られています。

池田内閣のスローガンであった高度成長政策と本行の安定成長指向の路線はしばしば対立し、本行は金融政策の運営を円滑に進めることができず、妥協を余儀なくされたが、そうした政策運営の衝に当ってきた池田首相と山際総裁の両者が昭和30年代末、金融引締め政策がその功を奏しつつある状況を眺めながら、相次いで辞任したことは、一時期の終わりを象徴する出来事ともいえよう。

『日本銀行百年史』第六巻、一九八六年、七二頁

日銀特有の言い回しを、日銀本店のある場所にちなみ「本石町文学」と言います。ここに書かれている内容は、かなり露骨に池田と山際への敵意が現れていますが。この書き方だと、日銀がさも池田と引き分けたかのように思えてきますが、事実は違います。日銀の完敗です。

どれくらい完敗か。

山際の次の日銀総裁は宇佐美洵《うさみまこと》。三菱銀行出身です。子分の市中銀行から総裁を出されるとは、腸が煮えくり返る屈辱です。日銀は十年に一人、「プリンス」と呼ばれる将来の総裁候補を育てます。この時の日銀プリンスは、佐々木直《ささきただし》副総裁。宇佐美の抜擢によりプリ

ンスの昇格は阻止されました。日銀は悲憤慷慨するしかない恥辱です。そういうことにばかり拘《こだわ》るのも、日銀理論です。

宇佐美の抜擢は病気退陣する池田勇人の、次期首相の佐藤栄作への申し送り事項だったとか（松野良寅編「米沢有為会１００年のあゆみ」『米沢有為会会誌』一九八九年号、五五頁）。高度経済成長に反対した日本銀行を、池田が制裁したのです。

山際の任期は池田退陣とほぼ同時に終わっているので、宇佐美総裁の時代は佐藤内閣ですが、池田以上に景気がよくなりました。池田は「十年で所得倍増」と言っていましたが、七年で達成しました。

総理大臣が景気をよくし、長期政権を築きたければ、このように日銀を抑えてマトモな政策をやらせることが重要なのです。池田は日銀理論など木っ端みじんに粉砕しましたが、惜しむらくは健康に恵まれなかったことでした。

成功の秘訣その三――自由主義経済の推進

池田の成功の秘訣その三は、まっとうな経済学の知見に則ったことです。すなわち、民の活力を高める自由主義の政策を採ったことです。政府は減税と規制緩和で民の活力を高め、民間が自由に商売できるような仕組みを整える。あとは国民の活力に任せる。自由主義経済の王道を推進しました。

環境づくりの典型的な例です。新幹線や高速道路など、誰もが使う大掛かりな公共物は国が建設しました。ようやく戦後復興がなった日本で、新幹線や高速道路を作れる私企業はありませんから。しかし、間違っても成長計画など立てません。「こうすれば儲かる」と指導したり、政府が成長産業を絞って投資するなどという、タワケたことはしませんでした。

政府の官僚が経済の成長過程を読めるなら、自分が会社を作って儲ければよいのです。経済を計画できるなど、水野忠邦か社会主義者の発想です。

池田勇人が「月給が十年で二倍になる」と言ったのは、ハッタリのまぐれ当たりではありません。池田自身も勉強家でしたし、ブレーンに経済学者の下村治を迎えました。十年で所得倍増するには、成長率が七％なければなりません。ここまでは単純な算数です。そこに、さまざまな要素を勘案し、七％行けるか、九％行けるか、一一％はどうかと検討します。実際には、統計の取り方にもよりますが、最高一三％にのぼる年もありました。裏には緻密な計算があるのですが、池田が、それを全国行脚して国民に説くにあたっては単純明快な表現に落とし込んでいます。

企業がお金を借りて投資をする↓積極投資をするので商品の質が向上する↓よい商品は消費者が買うので企業が儲かる↓企業に余裕が生まれる↓給料が上がる↓個人にも余裕が生まれる↓貯金をする↓安心が生まれ人生設計ができる↓安心してモノを買う↓消費が増える。

この好循環が二倍、三倍と、雪だるま式に増えていく！

池田の記録映画を見たのですが、本当にこんな調子で話をしていました。最初の頃は、冗談のように受け取られて大爆笑だったらしいですが、池田本人は大真面目でした。

貯金のない人が、結婚して子どもを養っていこうと思えるでしょうか。文明社会ではただ食べ物があればいいというものでもありません。塾やお稽古ごと、高校・大学への進学、場合によっては留学などの費用はどうするのでしょうか。余裕があってはじめて企業は投資し、人を雇い給料を払うし、個人も人生設計ができるのです。教育にカネを惜しむなと言いますが、経済が成長しないと惜しむカネにも事欠きます。

繰り返しますが、政治が経済に対してできる唯一最大の仕事は、「民の活力を強める環境を用意する事」です。あれこれ指図せず、邪魔しない。

この時期の池田を描いた、城山三郎の大ベストセラーに『官僚たちの夏』があります。城山という人は経済小説という分野を切り開いた大作家ですが、とてつもない筆力の持ち主で、間違った経済政策を推進した人物をこれ以上ないほど美化して感動的に描く天才です。『官僚たちの夏』の主人公は、実在の通産官僚の佐橋滋をモデルにした人物です。「経済を民間だけに任せていられない！　我々官僚が指導するんだ！」と信念に燃え、明らかに池田勇人がモデルの首相に楯突く物語です。この小説では、財界がこぞって池田に取り入って正義の士の佐橋を妨害するように描かれているのですが、史実は池田が官僚統制を目論む佐橋を抑え込みます。この時、全国銀行協会会長だった宇佐美洵は佐橋のやり方に猛反対しています。

一時期、「日本の奇跡、通産省」のような語られ方をしたことがあります。要するに、通産省が産業界を守ったので、日本は経済大国になったのだ、との歴史観です。佐橋を美化するような人なら信じるでしょうが、「官僚統制が民の活力をもたらす」など、明らかに経済原理に反します。

佐橋は池田の退陣後に通産事務次官になりますが、池田は反佐橋派を登用し続けました。

景気をよくするにはインフレターゲットを！

池田の「頑張れば十年で月給が二倍になる！」はインフレターゲットの効果がありました。

仮に政府がバラまき財政をやっても、「来年増税します」と宣言してしまえば、借金してでも投資するのは不合理な行動になります。その場合、合理的な行動は、貯金です。税金が上がる前のモノの値段が安い内に買ってしまおうとの消費者心理が働くので「駆け込み需要」が発生しますが、その後は不況に陥ります。一時的にお金を使ったら、あとは貯めこんでおかないと、生活できません。それでも不況になると貯金を切り崩す人もでるので、ますます生活が苦しくなり、景気が悪くなる。

貯金もないのに借金して投資するのは愚かです。そんなの博打と同じです。だから、最低限の貯えがないと、お金を使えません。

ただ、多少のリスクをとって事業にチャレンジする企業や個人が多くなければ、景気はよくなりません。政府は「しばらく景気を過熱させる政策を辞めません」とメッセージを送ることで、企業も個人も安心してお金を借りたり使えたりするのです。金融緩和の効果も、インフレターゲットがあるのとないのとで、大違いです。

池田の場合は、「十年間、景気をよくする政策を続ける」と宣言したのですから、絶大な効果です。池田首相が偉大なのは、国民に希望を与えたことであり、経済政策に関する学術的な知見の裏付けが存在したことです。

当時の日本人は、「十年間、政府は景気をよくする政策を続けるのだ」と安心し、ある程度の貯金ができたら、次々と買い物をしました。一九五〇年代の後半は、「洗濯機、冷蔵庫、白黒テレビ」が三種の神器と呼ばれました。生活が別の国のように変わります。昭和前半はかまどでご飯を炊いていましたし、洗濯は洗濯物を盥《たらい》で洗う力仕事です。それを機械が勝手にやってくれるようになったのです。池田が首相を務めた一九六〇年代は「新三種の神器」が登場。カー、クーラー、カラーテレビは「3C」とも呼ばれました。頑張って働けば給料が上がる。多少のサービス残業をしても、会社の業績が上がるから、ボーナスも出る。真面目に働けば、おいしいものが食べられて、自分の家が建てられる。どんどん便利なものが買える。

民の活力が強まれば、イノベーションも起きます。白黒テレビは最初、高級品でした。街頭テレビと言って、街に一台あって、みんなで見に行きました。それを量産して安く売れるようにすれば、家庭に一台テレビが持てる。白黒よりもカラーのほうが、いいに決まっている。「カラーテレビに買い替えよう！」と働く意欲が湧きますし、実際に飛ぶように売れました。

池田は経済学の基本に忠実に政策を行っただけでした。妨害する勢力は排除、あとは民の勝手に任せました。その際に、政治が「頑張れば十年で月給が二倍になる！」と強いメッセージを送ったことが大きかった。

経済がしっかりしているから、外交や軍事など他の政治的に大事なことの基盤になる。池田勇人は経済以外の面でも戦後最高の総理大臣でしたが、そんな池田を描いた感動的な名著が『嘘だらけの池田勇人』（扶桑社新書、二〇二一年）です。著者名は忘れましたが、ご一読を。

余談ですが、一九七二年に翻訳発行された『アダム・スミス伝』の「訳者解題」によると、日本の経済学が昔からずっとガラパゴスしていたわけではなさそうです。

日本は、アダム・スミスの研究でも、またこの学者を尊重する気もちでも、世界のどの国より篤《あつ》いと、わが経済学史家がいっている。なるほど、「アダム・スミスの会」というような独立の学会があったり、スミスの学説、スミスの蔵書、スミスの各国における文献目録までについて詳しい研究が立派な単行本として出ている。こんな国は、あるいは日本だけであろう（アダム・スミス会編『本邦アダム・スミス文献——目録および改題』——昭和三十年。同会編『アダムスミスの味』——昭和四十年）、それどころか、日本ではアダム・スミスの研究とよばれる多くの学術論文やスミスの文献の翻訳や、さらにマルクスとスミスの関係などという論文などが、この数十年学問の世界を賑わしている。すなわち、私たちのこのレーの翻訳なども、日本のそういう経済学の熱気のうちにうかれ出したうたかたのすがたである。

ジョン・レー著、大内兵衛・大内節子訳『アダム・スミス伝』（岩波書店、一九七二年）V頁

高度成長の時代にはアダム・スミス経済学が、世界のどこよりも元気だったのが日本だったことが伺えます。

今の日本は、池田の遺産を食いつぶしています。

長期不況からバブルへ

池田勇人が病に倒れると、次の首相は佐藤栄作（在任：一九六四年十一月〜一九七二年七月）になりました。佐藤は池田内閣時代には、「高度経済成長など、いつか破綻する。このような急激な成長はよくない。もっとゆるやかに成長させるべきだ」と言いながら、いざ政権を取ると池田以上に高度成長に邁進しました。反対派・反対党の公約を取り入れて自分の権力強化に使う。自民党の常套手段、「公約破り」「公約泥棒」の第一号です。

ただ、佐藤は東西対立の激しさが増す中、アメリカから「ともに戦おうではないか」との申し出を事実上拒否するような態度を取ったものですから、ニクソン・ショック（金本位制停止）を経て一ドル＝三六〇円を三〇八円にされ、高度経済成長を止められてしまいました。まあ、当時は過度な円安気味だったので円の切り上げは妥当と言えば妥当なのですが、アメリカを怒らせたのは間違いありません。

佐藤栄作長期政権八年の後は田中角栄内閣（一九七二年七月〜一九七四年十二月）です。この時代に石油ショックがやってきます。一九七三年一〇月、第四次中東戦争が起こり、石油価格が上がりました。物価が高騰します。角栄と言えば「日本列島改造論」。これも物価を高騰させる政策でしたから、この時期の物価はうなぎ登り。七四年の消費者物価指数（前年比）は二三・二％となり、「狂乱物価」と言われました。高度経済成長は完全にトドメを刺されました。

その後、三木武夫・福田赳夫・大平正芳・鈴木善幸内閣が続きますが、インフレ不況が続きます。さらに、一九七九年にイラン革命を機に第二次石油ショックが起こります。二度の石油ショックを経験した日本には、もう高度経済成長は望めないと慢性不況のような空気が流れるようになります。

続く中曽根康弘内閣（一九八二年十一月～八七年十一月）は長期政権となります。その原因にも金融政策が関係しています。

一九八五（昭和六十）年にプラザ合意が行われます。これは一言で言うと「強制円高政策」です。米・英・仏が本気でソ連を潰すと結束している時に、日本と西ドイツが、ろくすっぽ軍事努力をしないで経済大国世界第二位、第三位なので、「お前ら矢銭を出せ」のような感覚で、円高・マルク高を強いられました。

それを受け入れた時の大蔵大臣は竹下登です。なぜかこの時の竹下登が絶賛されますが、いかに日本のメディア・言論界が、政策の中身を検証せずに人を褒めたり、けなしたりしているかがわかります。

そして、当然のごとく円高不況になります。日銀は無策。そのとき大蔵省の財務官に大場智満という立派な方がいました。山口光秀事務次官を通じて、澄田智総裁（大蔵省ＯＢ）に金融緩和すべきだと進言しました。そして、その通り「日銀砲」をぶっ放したら、円高不況がふっとんで、一気にバブルになってしまいました。バブル経済を背景に中曽根は長期政権を築いたのです。池田・佐藤以来の、久しぶりの長期政権でした。田中から鈴木までの歴代内閣は、経済政策が上手くいかなかったので、「歌手一年、総理二年の使い捨て」と揶揄される短命政権となったのです。

日銀マンのバブル観

金融政策が成功して経済が上手くいく。幸せを感じる国民の支持を背景に総理大臣が長期政権を築く。何が悪いのか？

日銀理論では、許せないのです。

これに関する日銀の反応がよくわかる資料があります。黒田晃生《くろだあきお》「日本銀行の金融政策（1984年～1989年）――プラザ合意と「バブル」の生成」（『明治大学社会科学研究所紀要』第47巻第1号、明治大学社会科学研究所、二〇〇八年）です。あまりに面白い（?）ので、以下、〔　〕で補いながら紹介していきましょう。

黒田氏は元日銀職員で明治大学の教員になり、二〇〇八年の同大学紀要に澄田総裁時代の日本政府と日銀について寄稿しました。この論文で黒田は徹頭徹尾、澄田総裁を批判しています。良し悪しの判断条件は、金利を上げたか下げたかだけです。

プラザ合意に関してはこんな感じです。

会議の席上、竹下大蔵大臣は、ドル高是正のための協調介入に一貫して積極的な姿勢を示し、「一ドル＝二〇〇円の円高をも容認する」と自発的に発言して、会議での合意形成に貢献した。（中略）プラザ会議の段階においては、中央銀行の中立性・独立性に対する配慮がまだ残されていた〔が、プラザ合意後、〕日本において最も顕著であったように、各国蔵相たちは中央銀行の金融政策に容赦無く足を踏み込むようになっていった。

円高誘導（自動的にインフレを後退させる）はデフレ円高を好む日銀理論からは歓迎されるはずですが、政府の大蔵大臣が中央銀行の独立性を侵害するのが許せないのです。

そして、急激な円高が進みます。本論文では当時の急激な円高について詳しく書かれています。

一九八五年二月に一ドル＝二六〇円代であったのが、プラザ合意後、一一月には二〇〇円台にまで上昇。翌年には、円高が急速に進行して、澄田総裁の下での日本銀行は、一転して公定歩合の連続引下げを余儀なくされる羽目に陥った。（中略）アメリカを訪問した竹下蔵相が一ドル＝一九〇円を例示して円高を容認する趣旨の発言を行ったのを契機に、円は一九〇円台に突入した。（中略）〔一九八六年〕二月中旬には一ドル＝一八〇円を突破し……四月二四日には円相場は一ドル＝一七〇円を突破した。

利下げを余儀なくされたから失敗なのです。円安も敗北。「公定歩合の連続引下げを余儀なくされる羽目に陥った」との表現は、日銀理論全開です。景気がよくなったら、日銀も一般銀行も利子を高くすればいいという、ただそれだけの話なのですが、それを認めないのが日銀理論です。市中銀行の総裁から日銀総裁になった宇佐美洵などはそういう考え方なのですが、景気が良かろうが悪かろうが、利上げをしたいのが日銀の性根なのです。

五月以降もまだまだ円高が進みます。

円高で悲鳴を上げる輸出産業への配慮を迫られた中曽根首相がレーガン大統領に対して為替安定化を必死で訴えたものの、さしたる成果は得られなかった。サミット後に、円相場は一時一ドル＝一六〇円を突破し、中曽根首相は窮地に追い込まれたが、強引に持ちこんだ七月六日の衆参同時選挙では、「大型間接税（売上税）は導入せず」との公約を掲げた自民党が圧勝した。これを受けて七月二二日に発足した第三次中曽根内閣では、それまでプラザ戦略に批判的な立場をとっていた宮沢喜一氏が蔵相となり、竹下氏は自民党幹事長に就任した。

（中略）

一九八七年に入ると日本の景気対策の実態に不満を持ったベーカー財務長官の「トークダウン」（口先介入によるドル安誘導）によって再び円高が進行し、日本側での必死のドル買い・円売り介入にもかかわらず、一月一九日には一ドル＝一五〇円を突破した。たまりかねた宮沢蔵相は、急遽ワシントンＤＣに飛んでベーカー財務長官と会談し、為替安定化を再確認した共同声明を一月二一日に発表した。

（中略）

澄田総裁は、一九八六年一月から一九八七年二月にかけて五回にわたる公定歩合引下げを実施した。既述のとおり、「プラザ合意」以降における国際的な政策協調路線の下で、アメリカのベーカー財務長官・ボルカー連邦準備議長、日本の竹下蔵相・宮沢蔵相から何度も利下げ要請が繰り返された。澄田総裁は、時には自ら進んで、また時には強引に押し切られる形で公定歩合引下げを決断したが、いずれにせよ為替相場に振りまわされた感のある一連の利下げであった。

もっとも、この間における日本経済をみると、一九八五年秋からの急速な円高進行によって輸出関連企業を中心として生産活動が落込み、一九八六年の鉱工業生産は前年比マイナス〇・二％と一九七五年（同マイナス一一・一％）以来のマイナスを記録した。また、円高進行と原油価格低下の影響で一九八六年の国内卸売物価が前年比マイナス四・七％と戦後最大の下落を記録するなど、円高によるデフレーションが進行した。したがって、五回にわたる公定歩合引下げの内幕が為替相場に振りまわされたものであったにせよ、「円高不況対策」として有意義だったことを見逃してはならない。

本当にしつこいですが、利下げは負け。有意義だったと認めながら、それでは終わらないのが日銀マンです。

金融自由化・国際化の中で、日本銀行による金融緩和の浸透につれて金融機関の貸出・投資行動が次第に積極化し、多くの企業がいわゆる「財テク」を手掛けるようになったのと相俟って、一九八七年に入ると債券・株式・土地などの資産市場において取引活発化と価格上昇が顕著となった。

（中略）

このように、すでに一九八七年中頃までには、円高下での金融緩和浸透によって、資産市場における「バブル」の芽が萌え出していたのである。

（中略）

当時における日本経済の動向をみると、一九八七年中頃から本格的になった内需主導型の景気拡大が、金融緩和の浸透や財政面からの景気刺激効果も加わって、一九八八年に入ると一段と力強さを増していった。一九八八年の実質ＧＤＰ成長率は六・二％と前年の成長率四・四％を上回り、第一次石油危機前の一九七二年以来の高さであった。

何が悪いのでしょうか。むしろ、とてもいいことではないでしょうか。

これに対して、「日本経済の『見事なパフォーマンス』が欧米各国から賞賛され、日本全体が自らの経済力に自信を抱くようになった中で、株価・地価は一段と上昇して『バブル』が膨らんでいった」と述べた上で、最終的には以下の評価です。

澄田総裁の下での日本銀行は、株価・地価の高騰に強い懸念を抱きながらも、プラザ合意以来の国際的政策協調と円高が足枷となって、各界から寄せられる低金利持続要請を撥ね付けるだけの明確な情勢判断を欠いていた。かつてのイギリスがそうであったように、債権大国である日本は低金利が当然であるとする世論に抗することができなかったのである。

日銀とは、こういうところなのです。

日銀人事を間違えなかったから高度経済成長ができた

ここで、戦後の日銀総裁の評価を振り返ります。
以下は戦後の日銀総裁一覧です。

戦後の日銀総裁一覧

名前（出身）	任期	コメント（評価）
新木栄吉（日本銀行出身）	一九四五年十月〜四六年六月	すぐに公職追放される。
一萬田尚登（日本銀行出身）	一九四六年六月〜五四年十二月	GHQと組み、法王と呼ばれる。
新木栄吉（日本銀行出身）	一九五四年十二月〜五六年十一月	一萬田の蔵相就任と交代で返り咲き。すぐに病気辞任。
山際正道（大蔵省出身）	一九五六年十一月〜六四年十二月	池田勇人と組んで日銀を抑え込み、高度経済成長を実現。
宇佐美洵（三菱銀行出身）	一九六四年十二月〜六九年十二月	池田の申し送り事項の総裁。さらなる高度経済成長をもたらす。
佐々木直（日本銀行出身）	一九六九年十二月〜七四年十二月	狂乱物価に無力。高度経済成長を終わらせる。
森永貞一郎（大蔵省出身）	一九七四年十二月〜七九年十二月	二度の石油ショックを鎮圧。

前川春雄（日本銀行出身）	一九七九年十二月～八四年十二月	相対的に可もなく不可もなく。
澄田智（大蔵省出身）	一九八四年十二月～八九年十二月	円高不況を日銀砲で吹っ飛ばしバブルに。
三重野康（日本銀行出身）	一九八九年十二月～九四年十二月	狂ったような利上げでバブルを潰す。マスコミの寵児。
松下康雄（大蔵省出身）	一九九四年十二月～九八年三月	しゃぶしゃぶの不適切な食べ方で辞任。無力。
速水優（日本銀行出身）	一九九八年三月～二〇〇三年三月	強い円理論の信奉者。小渕首相「株上がれ～」
福井俊彦（日本銀行出身）	二〇〇三年三月～〇八年三月	小泉首相に面従腹背。政権末期に裏切る。
白川方明（日本銀行出身）	二〇〇八年四月～一三年三月	リーマンショックで日本を経済大国から叩き落とす。
黒田東彦（大蔵省出身）	二〇一三年三月～	この人がいなければ今ごろ日本は地獄に落ちている。

これらの評価、日銀理論だと真逆になります。簡単に戦後の日本銀行の歴史を振り返りましょう。

敗戦直後、占領軍は戦前戦中の日本で指導的地位にあった人たちを、片っ端から公職追放していきました。血祭りにあげられた筆頭は、陸海軍です。組織そのものを消されてしまいました。ついで、内務省。警察と地方行政、多くの内政を抱えていましたが、「官庁の中の官庁」の地位を失うまでに、解体されます。

逆に、生き残り、地位を上げた官庁もあります。地位を上げたのは外務省です。占領初期の日本政府は、GHQの意向を実現する事だけが求められました。外務省は当然ながら英語ができる官庁ですから、占領軍との折衝で役割が高まります。だから、幣原喜重郎・吉田茂・芦田均といった、外交官出身の総理大臣が次々と誕生したのです。

大蔵省は、英語ができる人材を揃えていたこともあり、それなりに上手く立ち回りますが、それでも官舎を取り上げられ、長らく四谷小学校で勤務しなければならなくなったほどです。GHQは色んな手管で大蔵省を解体しようとしましたが、何とか乗り切りました。主税局から国税庁が分離しましたが、本省の出先機関でしかないのは御存じの通りです。主計局を分離し予算編成権を取り上げる目論見は、完全に失敗しました。

一方、日本銀行は一萬田尚登総裁が最高司令官のダグラス・マッカーサーと良好な関係を築いたとのことです。要するに取り入ったのです。日本政府（大蔵省）には配る予算がありませんが、日銀は直接融資で経済界に影響を及ぼします。歴代蔵相は、就任直後に一萬田に挨拶に行かねば仕事にならない状態だったとか。いつしか一萬田は「法王」、日銀は「法王庁」と呼ばれるようになります。長く大蔵大臣を務めていた池田勇人は、一萬田と犬猿の仲となります。

池田と一萬田の対決は、一萬田が民間人蔵相に就任し、さらに衆議院議員に当選した後も続きますが、最終的に池田と大蔵省の勝利に終わります。池田を支えた大蔵官僚が、森永貞一郎。官房長（一九四九～五三年）、主計局長（五三～五七年）、事務次官（五七～六〇年）と出世していく過程で、池田との関係を強く築きます。池田は、鳩山一郎内閣（一九五四～五六年）と岸信介内閣（一九五六～六〇年）の間、短命の石橋湛山内閣と岸内閣の最後の一年を除いて野党あるいは反主流で過ごすのですが、その時期を支えたのが森永ら大蔵省です。森永ら大蔵省の主流は、池田やその派閥を継ぐ大平正芳との関係を深めます。

鳩山内閣の末期、池田の大蔵省での同期の、山際正道が日銀総裁に就きます。日銀の栄耀栄華は終わります。

山際総裁時代の総理大臣は、鳩山・石橋・岸・池田です。山際は池田の退陣と同時に退任しました。山際総裁時代の日銀は、徹底的に高度経済成長政策に反対しましたが、山際は池田の意向を実現するべく、総裁として日銀を抑え込みました。

病気退陣した池田は、後継の佐藤栄作首相への申し送り事項として、民間銀行出身の宇佐美を後任に据えた話はすでにしました。要するに、高度経済成長に楯突いた日銀を制裁、プリンスの佐々木直副総裁の昇格を阻止したのです。宇佐美総裁も名総裁で、佐藤内閣成立直後の証券不況も大蔵省と組んで短期間で制圧、池田時代以上の高度経済成長を実現しました。

池田・佐藤時代の大蔵省の合言葉は、「我々は積極財政だ！　日銀みたいな消極財政になってはいけない」でした。今では信じられませんが……。

経済をよくするのも悪くするのも日銀

佐藤は宇佐美総裁で高度成長と政権の安定を満喫しますが、よせばいいのに「プリンス」の佐々木を総裁に据えます。特にこの人が何をした訳ではないのですが、佐々木総裁は佐藤内閣と日本経済の疫病神と化しました。一九七一（昭和四十六）年にニクソン・ショックで一ドル＝三六〇円の固定相場制が終了。いきなり一ドル＝三〇八円で、五二円もの円高に突入。円ドル相場が乱高下、政府日銀は対処を誤ってしまいます。それでも、不況は一時的で済みましたが。

それを慢性的な不況に叩き落としたのが、後任首相の田中角栄です。すでに円安基調に戻りそうな時に、田中は「日本列島改造計画」をぶち上げます。要するに、日本中の土地を高騰させる計画を政府主導で宣言したのです。当然、一獲千金の輩が跳梁跋扈します。

田中が就任した昭和四十七年に組んだ昭和四十八年度予算は、空前のバラまき予算。通常は他の官庁の要求を断り財布の紐を締めるのが仕事の大蔵省主計局が、「予算要求はありませんか〜？」と御用聞きに回る異常事態。高度経済成長期は「つけるところはつける。締めるところは締める」でバランスの取れた予算編成をしていた大蔵省の見る影もありません。そこへ第四次中東戦争が勃発、アラブ諸国が「イスラエルの味方には石油を売らない」と脅迫してきたので、国際的に大混乱。「狂乱物価」と評される、インフレに突入します。もちろん、過度のインフレです。

この過程で、佐々木総裁は全くの無力。経済学者の中には無能呼ばわりする人もいる。日銀に強烈なインフレアレルギーを植え付けました。ちなみに昭和四十七年入行の職員の一人が、白川方明。後に日銀総裁として日本を地獄のデフレに叩き落す男です。

田中内閣末期、蔵相だった大平正芳の強い意向で、後任の日銀総裁には森永貞一郎が据えられます。石油ショックに対応する人事です。森永は、三木武夫・福田赳夫・大平正芳の歴代総理に仕え、二度の石油ショックを鎮圧した名総裁となります。一九七九年の二度目の石油ショックは、短期間で収拾しました。森永は効果的なタイミングで利下げを行うので「下げの森永」の異名を取りました。

その森永も、辞め際に余計なことをしてしまいました。後任総裁には日銀プリンスの前川春雄を据え、副総裁に元大蔵事務次官の澄田智が就きます。かつて前川は日本輸出入銀行で澄田に仕えたことがあるので、年次逆転人事です。官僚の世界では異例です。森永はなぜこんなことをしたのか。

一つには、日銀生え抜きを総裁にしないと、日銀マンの士気にかかわるから。どこの世界でも、生え抜きがトップに立てない組織では、士気が落ちます。

二つには、たすきがけ人事を確定させるため。正副総裁を日銀生え抜きと大蔵省の事務次官出身者が就くようにする人事慣例を確立する。これを「たすきがけ」と言います。官僚は自分たちが最も大事とする人事で政治家に介入されるのを極端に嫌がりますが、「たすきがけ」が確立すれば、政治家（選挙で選ばれた総理大臣）の介入を阻止できます。

と、この二つが理由として言われるのですが、さすがにこれだと「森永さんも、しょせんは官僚か」で終了になってしまいます。私は三つ目の理由として、「前川以下日銀プロパーの連中に、正気の金融政策を行わせる」があったと思っています。前川の就任は第二次石油ショックに直面し始めたころですが、前川は森永の路線を着実に実行、その後も在任中に狂った政策はやっていません。

前川退任と同時に、澄田が昇格。プラザ合意による円高不況にまったくの無策でしたが、みるにみかねた大蔵省の大場智満財務官が、時の山口光秀事務次官を通じて金融政策の転換を大先輩の澄田に進言。三重野康副総裁は抵抗しましたが、この頃の日銀は「大蔵省本石町出張所」の扱い。無視して、「日銀砲」を発射。金融緩和によりデフレ傾向の円高不況を吹っ飛ばし、バブル景気をもたらしました。ちなみに先に紹介した黒田論文では、澄田総裁とともに大場財務官も大悪魔の如き扱いです。

ちなみにバブル景気は、土地と株こそ異常に高騰しましたが、全体的な物価は二〜三%のインフレで、極めて健全な状態でした。

それを「バブルに踊った日本人を制裁してやる」とばかりに敵視するのが、日銀理論なのです。この人たち、どこの国の人なのか疑いたくなります。

日銀が日本人を地獄に叩き落した

そのバブルをハードランディング、というよりクラッシュさせます。

三重野康総裁は、親の仇のように利上げを断行。一ヶ月に六回も利上げを行ったこともある、狂気の御仁。その三重野がマスコミに「平成の鬼平」と持ち上げられました。

当時、自民党最大派閥は竹下派。正式名称は経世会、会長は金丸信です。一九九二（平成四年）二月、金丸は派閥の総会で「日銀総裁の首をとってでも公定歩合を下げさせる」と言い放ちます。

当時の日銀法では、総理大臣には日銀総裁の解任権がありました。それを使えと言ったのです。経済政策では金丸の言っていることのほうが正しかったのです。

しかし、金丸信と言えば、金権腐敗派閥政治の権化のような政治家。当時の総理大臣は竹下派傀儡の海部俊樹。その海部に命令している金丸は何様なのか。しかも言った場所が竹下派総会。政治家の中央銀行への不当な圧力にしか見えません。たとえ正論でも、やり方をしくじれば暴論にしか聞こえなくなるものです。

日本人はしばらく気付きませんでしたが、一九九一年からバブル景気は終わりはじめ、一九九三年には完全に終焉、その後二度と好景気を味わえていません。

日銀も日銀ですが、大蔵省もいい加減でした。

大蔵省が土地の総量規制を通達、土地バブルは崩壊しました。当時、「東京二十三区の地価でアメリカが買える」などと、地価高騰が問題視されていました。それを大蔵省は通達一本で「土地ころがしと言って、転売するだけで泡銭が手に入る時代でした。それを大蔵省は通達一本で「土地の値段を下げろ」と命令したのです。総量規制とは、「不動産向け融資の伸び率を総貸出の伸び率以下に抑える」です。要するに、まともな担保もないのに金を貸すな、です。土地の値段が上がることを見越して軽々計画を立てていた人達は大混乱です。

三重野の後継総裁は、大蔵省から松下康雄元次官が迎えられました。森永、前川、澄田、松下と見事に大蔵省と日銀のたすき掛けが続いています。

この時、三人の元大蔵次官が候補に挙がりました。松下の他、山口光秀と吉野良彦です。松下は一九八二～八四年、山口は八四～八六年、吉野は八六～八八年に次官を務めています。通常、大蔵事務次官の任期は一年ですが、二年務めると大物次官と目され、天下り先は東証理事長か日銀総裁が用意されます。この時は大物が三代続き、史上まれにみるレースとなりました。

大蔵省の現役は吉野を日銀に送り込もうとし、日銀からも歓迎されます。吉野は大蔵省の十年来の悲願だった消費税を導入した実力者。吉野が手を上げれば決まりでした。ただ、吉野は一貫して大蔵省本流の主計局で出世街道を歩んだので、金融は素人です。それどころか、金融を鵺《ぬえ》のようなものと見做し、嫌っていたとか。ついでに言うと、英語が苦手だったとか。だからこそ、日銀に歓迎されたのでしょう。吉野は固辞しました。

逆に意欲を示したのが、山口。日銀総裁になれば国際会議に出なければなりませんから、英語の特訓をしていたとか。しかし、日銀から見れば「日銀砲」を押し付けてきた仇敵。徹底的に阻止されました。女性スキャンダルが写真週刊誌に流れて終わりです。日銀の怨念、恐るべし。

松下は二人の先輩かつ上司だったのですが、役所的には問題人物とされていました。何のことかと言うと、太陽神戸銀行（後にさくら銀行）の頭取に天下っていたのです。当時はさくら銀行会長。民間に天下るのは、役人の世界では経歴に泥が塗られたことになるのです。

結局、大蔵省ＯＢの天下り先、特に事務次官の天下り先は、俗に「大蔵元老院」と呼ばれる事務次官たちの談合で決められるのです。談合と言っても、その中の「ドン中のドン」が差配します。この時のドン中のドンは、長岡実東証理事長。この時に長岡曰く、「松下君がいれば、本命は間違いなく彼なんだがねえ」と。さくら銀行会長の肩書が邪魔していたとか。結局、松下が日銀総裁に、山口は長岡の後任の東証理事長に回りました（この時の日銀総裁人事に関しては、岸宣仁『大蔵省を動かす男たち　転換期の大蔵行政』東洋経済新報社、一九九三年を参照)。

岸さんは長年、大蔵省~財務省を取材されている方で、人事に関して極めて詳しい方です。岸さんの本に限らず、日銀総裁の適正に関して、経済学に知見があるとか、そんな話は一切、出てきません。

戦後、大蔵官僚で日銀総裁になったのは、山際・森永・澄田・松下そして黒田の五人です。山際・澄田は銀行局長経験者で、金融行政を経験しています。森永は主計局中心のキャリアですが、何をやらせてもできる人。高度経済成長を実現した澄田、二度の石油ショックを抜け出させた森永、円高不況を吹き飛ばしてバブルをもたらした澄田、と実績を上げました。松下は主計局中心のキャリアです。ちなみに、この中で黒田総裁は事務次官経験者ではないので除外。「あの人は大蔵官僚出身者にしては珍しくまっとうな経済学を修めている」と言われたものです。

日銀が日本政府から独立、国民はさらなる地獄へ

さて、その松下総裁は、バブル崩壊後の金融政策に何もできません。あげく、大蔵省の接

待スキャンダルが吹き上がります。マスコミでは、大蔵省の悪口なら何を言っても許される時代の到来です。「ノーパンしゃぶしゃぶ」という、その名の通りの下品なお店での接待が横行するなど、「景気が悪いのに何をやっているのか」と世論の怒りが爆発したのです。スキャンダルは日銀にも飛び火、松下は任期途中で引責辞任します。副総裁の福井俊彦も同時に辞任。

松下総裁の時代に、日銀法の改悪が行われ、それまでの「大蔵省本石町出張所」の扱いから、強い独立性を持つ組織に変貌します。ほとんど「日本政府から独立した」と言っても過言ではない状態となります。

後任の速水優《はやみまさる》は日銀理論の権化です。著書で「円は、金・ドル本位の固定相場として一ドル＝三六〇円だったが、その後の三十年間に一一〇円前後にまで、三倍ほど、その購買力は向上している。そして、今では、世界第二位の経済力を維持している。この点を私は誇りに思うと同時に、今後とも円が一層堅実な国際通貨となっていくことを期待している」（速水優『強い円　強い経済』東洋経済新報社、二〇〇五年、一四六頁）と、さらなる円高を積極的に望むようなことを書いています。題名からして『強い円　強い経済』です。世界観が違う人としか言いようがありません。

小渕恵三首相は空前の財政出動を行うのですが、速水日銀の非協力で、ほとんど効果はありません。ちなみに、一九九八（平成十）年十一月七日、視察中の小渕首相は農産物の直売所に並んでいた白カブを手に取り高々と持ち上げ、「株」とひっかけて「カブよ、上がれ～」と言ったところ、本当に日経平均株価が上がりました。これをインフレターゲットの効果と呼ぶのは、オカルトがすぎるでしょう。

速水の後任には、福井が就きました。スキャンダルで失脚したはずが、いつのまにかリバイバルします。この時は小泉純一郎内閣ですが、黒田東彦氏の総裁登用も検討されたとか（鯨岡仁『日銀と政治　暗闘の20年史』朝日新聞出版、二〇一七年、一二二頁）。しかし実際には、強い首相だった小泉すら日銀人事は思うに任せず、景気回復に協力するとの条件で、福井が就任します。副総裁には、武藤敏郎元財務事務次官が次の総裁含みで就きます。たすき掛け人事の復活が狙いで、事務次官経験者ではない黒田氏の登用など、現実味がありませんでした。小泉内閣は強い政権でしたが、それは財務省が支えたから。小泉首相は在任中に消費増税をさせないなどリーダーシップを発揮しましたが、財務省の意向を露骨に無視できなかったのです。

それでも小泉が強い内は、日銀は金融緩和で協力、緩やかにすぎませんでしたが景気回復が続きます。その小泉が郵政選挙に勝ち、後任には安倍晋三を据えるのが既定路線になった瞬間、福井は金融緩和を解除。小泉首相がいくらけん制しても、改悪日銀法では、首相に総裁解任権はありません。継いだ第一次安倍内閣は、不況を引き受けざるを得ませんでした。それどころか、不況下の参議院選挙で大敗。ほどなくして退陣においやられ、首相は福田康夫に交代します。

国会は衆議院と参議院で多数派が異なるねじれ国会。改悪日銀法では日銀人事は国会の同意人事で、衆議院の優越はありません。「武藤総裁」案をはじめ、福田の提示する人事案は次々と参議院で民主党に否決され、遂には総裁空白となります。そして副総裁の白川方明が総裁代行、白旗をあげた福田は、白川の総裁昇格を認めます。

白川総裁の時代に、リーマンショックに直面します。大デフレの到来です。

デフレとは通貨現象。モノは溢れているのに、お札の量が足りないことで、お札が希少品となる。汗水流して働いでもモノ（サービスも含めた商品）の価値は下がり、しょせんは紙切れにすぎないお札の価値が上がる。この状況を脱するには、お札を刷り、高くなりすぎたお札の価値を下げ、モノの価値を上げることです。

世界各国は、狂ったように増刷競争を行いました。アメリカのＦＲＢを皮切りに、中国人民銀行も、イングランド銀行も、普段は増刷が大嫌いなヨーロッパ中央銀行も、二倍以上の増刷を行います。金融緩和合戦です。その中で、白川日銀の増刷量は、一・〇六倍。強烈な円高が襲ってきます。円が希少品なのだから、当たり前でしょう。リーマンショックは、アメリカの投資会社の破綻に端を発する恐慌です。本来ならば日本には何の関係もないはずなのに、日銀が「なんちゃって金融緩和」によって、日本はただでさえ慢性的なデフレ不況なのに、地獄の不況に叩き落されました。

さすがにおとなしい日本国民も激怒、総選挙で麻生自民党に鉄槌、民主党に政権交代させます。

日銀理論は倒錯している

それにしても、民主党は愚かでした。どこが愚かだったのか。ねじれ国会を利用して、白川方明を日銀総裁に押し付けました。そして自民党の政権を転覆しました。日本国民を犠牲にした、見事なまでの革命です。

しかし、自分が政権を握ってからも、白川の存在を許しました。本物の革命家ならば、真っ先に白川を処刑していたでしょう。そこが世界の革命家と比べて甘い。漢の劉邦にしても、中華人民共和国の毛沢東にしても、最大の功臣こそ真っ先に粛清するから革命が完成するのです。

もし民主党に真の革命精神があれば、日銀法を改正して総裁解任権を復活。仮に民主党政権の初動で「黒田東彦総裁」を実現していたら、民主党政権は長期化したでしょう。自民党は永田町の一等地の十階建ての党本部を追い出されていたのは間違いありません。あんな巨大ビル、万年与党で政治献金が集まるから維持できるのですから。

現実は、民主党政権は白川日銀のデフレ政策を維持。ご祝儀の支持率はあっという間に消え、低支持率にあえぐ政権運営を強いられます。

安倍晋三は、自民党総裁、そして政権奪還に至る過程で、金融政策の重要性を理解していました。だから、黒田東彦総裁と岩田規久男副総裁を送り込んだのです。

衆議院の解散が決まり自民党の政権奪還が確実視されていた時期、安倍自民党総裁は「日銀に金融政策の転換を迫る」と宣言しました。要するに「白川を討つ！」との宣言です。

その瞬間、株価はうなぎのぼり。白川総裁は任期満了を前に辞表を取り上げられます。

さて、こういう歴史が、日銀理論ではどうなるか。

戦後の日銀総裁一覧

名前（出身）	任期	コメント（日銀理論に基づく）
新木栄吉（日本銀行出身）	一九四五年十月〜四六年六月	すぐに公職追放される。
一萬田尚登（日本銀行出身）	一九四六年六月〜五四年十二月	法王庁と呼ばれる日銀黄金時代を築いた。
新木栄吉（日本銀行出身）	一九五四年十二月〜五六年十一月	すぐに病気辞任。
山際正道（大蔵省出身）	一九五六年十一月〜六四年十二月	高度経済成長を行い日銀に楯突いたヨソ者。
宇佐美洵（三菱銀行出身）	一九六四年十二月〜六九年十二月	恥辱。思い出したくもない。
佐々木直（日本銀行出身）	一九六九年十二月〜七四年十二月	政治の圧力に振り回された悲劇のプリンス。
森永貞一郎（大蔵省出身）	一九七四年十二月〜七九年十二月	利下げを行った外敵。
前川春雄（日本銀行出身）	一九七九年十二月〜八四年十二月	たすき掛け人事を取り戻した名君。
澄田智（大蔵省出身）	一九八四年十二月〜八九年十二月	バブルの元凶。
三重野康（日本銀行出身）	一九八九年十二月〜九四年十二月	平成の鬼平。

松下康雄（大蔵省出身）	一九九四年十二月～九八年三月	日銀の独立がもたらされ、スキャンダルをかぶってくれた。都合よく切り捨て。
速水優（日本銀行出身）	一九九八年三月～二〇〇三年三月	強い円を実現。
福井俊彦（日本銀行出身）	二〇〇三年三月～〇八年三月	政権末期に金融政策を正常化。
白川方明（日本銀行出身）	二〇〇八年四月～一三年三月	苦しい時代を耐え抜いたが、最後は可哀そう。
黒田東彦（大蔵省出身）	二〇一三年三月～	異常な時代。

かつてポーランドでは、「倒錯した愛とは、同性愛とソ連邦への愛だ」との冗談が流行ったとか。今や世界的なＬＧＢＴＱの流れの中でこんな冗談、通じないですが。

日銀理論とは、我々と価値観が極端に異なる人の信じる宗教、としか言いようがないのです。

終章

日本銀行とは何か？　すべてである

デフレ脱出には希望が持てる政策が必要

デフレとインフレとでは、お金と商品の価値の関係が逆転します。

デフレ社会ではお金の価値が高くなり、インフレ社会ではモノの価値が高くなります。

速水・福井・白川の三代の日銀総裁の下で日銀が貨幣をほとんど発行しないので、日本国民の血と汗と涙の結晶であるモノの価値が下がってしまった。そして、商品が増えれば増えるほど希少価値がなくなり、しょせんは紙切れのお札の価値のほうが高くなった。こうして日本はデフレになってしまいました。

一方、貨幣の発行量が増えれば、相対的に一生懸命はたらいて作った商品の価値が高くなります。商品が高値で売れれば安心してモノを作り続けることができる。その増える商品以上に貨幣を発行し続けるというのが無制限金融緩和です。働いてモノをたくさん作れば売れて稼げる世の中なのだという安心感が生まれ、これによってデフレから脱却できる。

人が希望を持っただけで株価が上がります。

小渕首相の「株上がれ」が効いたのは、デフレ不況からの脱出を最優先にしていたからです。「インフレターゲット」という言葉は今ほど普及していなかったかもしれませんが、事実上インフレを促す政策をしていたのは事実です。

小泉内閣での金融緩和効果があまりなかったのは、インフレターゲット論に消極的であったということが大きい。一応ゼロ金利政策を取っていたのに。そして、二〇二二年現在にいたってはマイナス金利なのに浮上できない。

インフレターゲットが効くかどうかは、世界的な実験段階とも言えます。初めて行われたのはスウェーデン。インフレの調整といえば、上がりすぎる物価を下げようとするのがふつうですが、低すぎる物価を上げるというのは、スウェーデンが初めて行いました。

さて、金融政策と財政政策、どちらが大事か。どちらも大事なのですが、管理通貨制の下では金融政策です。いろんな議論があって証明は難しいのですが、常識論としては管理通貨制では政府の信用でお札を刷れるので、金融政策の自由度が極めて高いと考えるのが自然でしょう。事実、我が国の現代史でも、経験則で言えるのです。

簡単に並べて見ましょう。

財政出動をやりながら金融緩和をやらなかった小渕内閣と麻生内閣では景気は回復せず。逆に、小泉内閣は緊縮財政ながら、中途半端でも金融緩和を行い、緩やかながら景気回復。やはり、「財政出動が大事で金融は効果がない」との主張には無理がありそうです。財政出

近年の主な内閣と金融・財政政策

内閣	時期	備考
小渕恵三内閣	1998年～99年	空前の財政出動だが、日銀が非協力的で失敗。（この時の植田和男委員の行動については、後に本文で詳述）
小泉純一郎内閣	2001年～06年	緊縮財政だが（ただし増税はしない）、それなりの金融緩和で緩やかな景気回復。しかし、政権末期に金融緩和を解除し、不況に。
麻生太郎内閣	2008年～09年	空前の財政出動だが、マトモな金融緩和を行わず。地獄の大不況に。
安倍晋三内閣	2012年～19年	詳細は本文参照。金融緩和の効果を消費増税（緊縮財政）が減殺。辛うじて金融緩和の効果が勝つ。

動は補助金を伴いますから、人気があるのです。

ちなみに「中途半端な金融緩和」というのは、インフレターゲットが抜きだったという意味です。安倍内閣は明確なインフレターゲットを打ち出しました。そんな徹底した金融緩和を破壊できる消費増税、怖ろしや……。

アベノミクスとは何だったのか

史上最長、十年も務めた黒田東彦総裁が日本銀行を去ります。安倍晋三内閣のほとんどと菅義偉内閣のすべて、そして岸田文雄内閣の初期に日本の金融政策を担ったことになります。今後、岸田内閣がどのような経済政策を行うのか、今回の植田和男総裁の提示がどのような意味を持つのか。岸田首相は、いわゆる「アベノミクス」と決別するのか、それとも他の道を採るのか、多くの人の関心があるところと思われます。日本人だけでなく、外国の関心の的だとか。それどころか、外国の政治家や経済人は、日本の首相が何をしようが関係ないですが、次の日銀総裁が誰になるのかは、多大な関心事だとか。しかも、事前に一回もマスコミで候補に挙がらなかった超サプライズ人事だけに、内外が大騒動です。

ここで改めて、黒田総裁が行ってきた「アベノミクス」とは何だったのか、「植田新総裁」がどこに向かうのかを読み解くために、検証したいと思います。

結論から言うと、アベノミクスは池田勇人の焼き直しです。現代風に手直ししたところもありましたが、安倍首相の政治力が足りなくてやりきれなかった点もありました。ただし、やろうとした方向性は真っ当です。批判するならば、何が正しくて何が間違っていたかを峻別しなければなりません。

池田勇人政権の成功の秘訣を、おさらいします。

秘訣その一――一ドル＝三六〇円を認めさせる

秘訣その二――利上げをしたがる日銀を抑える

秘訣その三――自由主義

秘訣その一の「一ドル＝三六〇円を認めさせる」は、そのまま再現できません。当時は固定相場制ですが、現在は変動相場制です。ついでに言うと、日本が「円安にしたい！」と言っても、アメリカが「それではドル高になるではないか」と言えば揉めますから、国際協調が必要です。

ここは応用が必要です。そこで自前でお札を刷る金融緩和を行ったのです。

では、景気をよくする急所はどこか。「みんながモノを買いたくなる」です。みんながモノを買いたくなるには、給料が上がる。給料が上がるには、企業の売り上げが伸びる。企業の売り上げが伸びるには、みんなが欲しがるよい商品を売れるようにする。みんなが欲しがるよい商品を売れるようにするには、多少の借金をしてでも投資して商品開発をできるようにする。多少でも借金ができるようにするには、借金の利子が低いほうがいい。そこで、秘訣その二の「利上げをしたがる日銀を抑える」が大事になります。

結論から言うと、黒田総裁在任中にも日銀の「利上げをしたい！」という本能は観察できたのですが、状況はさらに深刻でした。

一九九〇年代末、日銀は速水総裁の下で利下げを行い、ゼロ金利と化していました。時の小渕恵三内閣の財政出動に歩調を合わせているかのように。というのは、ITバブルが訪れたのを機にゼロ金利を解除。そもそも、日銀の政策決定会合で中原伸之委員が解除反対を主張していたのを何度も否決、ゼロ金利をイヤイヤ導入した速水総裁がその弊害を毎回のように口にするというい加減さ。そして早すぎる解除で、後になって慌てて再導入、という状況です。ここで植田和男委員も反対に回ったのですが、この評価は慌てずお待ちください。中原委員の反対とは意味が違います。

とにもかくにも、二〇一二（平成二十四）年、安倍首相が就任した時は、金利を上げるもへったくれもない状態でした。

もう一つ、池田の高度経済成長との違いは、貯金です。

所得倍増の根幹は、「人々は貯金があるから、安心してお金を使えて消費に回り景気がよくなる」です。しかし、安倍が首相を引き受けた時代は、片一方でマトモに貯金をできない貧困層（主に若者）がいるかと思いきや、景気がよい時を経験して貯金をできた人たち（主に老人）はあまりお金を使いたくない。

年金暮らしの老人などは、物価が上がっても収入が増える訳ではないので、「デフレのほうがマシだ！」となりかねません。大作家の五木寛之という人が「バブルよりもデフレが素晴らしい」と書いているのを見て、殺意が湧きました。「影響力があるんだから、勘弁してくれ」と！

前述の通り、速水総裁は同窓会に行くたびに同級生から「ゼロ金利だと貯金の額が増えないので、さっさと金利を上げてくれ」と迫られ、心苦しい思いをしたとか。こちらには「この人、病気なのか」と疑いました。

それはさておき、アベノミクスの場合は「貯めこんでいる人に使ってもらう」が重要なので、状況は違います。

細かい議論を始めたら無限大にできますが、本質は一つです。景気をよくしようと思ったら、政治が意思を発し信じさせること。池田の場合は「頑張れば十年で月給が二倍になる」と強く言い切りました。これは市場に対する強烈なメッセージです。安倍の場合は、より具体的に「物価上昇率二％を二年で達成」を掲げました。そして「無制限金融緩和」を宣言、「インフレになるまでお札を刷りまくる！」と宣言しました。

前章の最後のおさらいです。二〇一二年十一月、解散総選挙が決まりました。安倍は即日「日銀に金融政策の変更を迫る」と宣言しました。総選挙は政権交代が見込まれ、野党自民党の安倍総裁が総理大臣になるのが決まっています。だから、株価は期待値で鰻登り。市場のほうが勝手にメッセージを感じ取りました。

なぜデフレから脱却できないのか。人々がデフレマインドに囚《とら》われているからです。ならば、そのデフレマインドを打破しなければならない。そこで、インフレターゲットが必要なのです。実際にお札を刷ると同時に、「目標達成まで刷り続ける」とメッセージを発することで、人々が「お金を使ってよいのだ」と思えます。これをインフレ予想（期待）と言います。「好景気が続きますよ」「国民経済全体にその恩恵を行き渡らせますよ」と安心感を与える必要があるのです。

安倍は日銀に黒田総裁と岩田副総裁を送り込むや、「物価上昇率二％を達成するまでは、お札を刷ります。絶対やめません」と協定を結びました。これをやりきれば、あとは自然に任せればいい。

そのはずだったのに、それをやりきらない。「成功の秘訣その三　自由主義」に関わる大問題です。

アダム・スミスにはじまる自由主義経済学では、政府が民間に対して余計なことをしないことが国の発展のもとです。しかし、今の日本は規制だらけ。その規制は安倍政権にあっても減るどころか増える一方。そして最大の規制は徴税。今の日本では社会保険料も事実上の徴税として、人々の負担として、のしかかっています。

なかでも破壊的だったのは消費増税です。消費税とは、「モノを買ったら罰金」という、一種の規制なのです。「これからデフレ脱却をしよう！」と言う時に、わざわざ消費意欲を減退させてどうするのでしょうか。

すぐ後に税金が高くなる時に、貯金をはたくのは変わり者です。多少の値上げなんか関係ないという金持ちもいるかもしれませんが、そういう少数派はともかく、一般的な人間の行動として合理的なのは、買い控えです。上がる前に駆け込み需要はあっても、その後の消費は確実に冷え込みます。インフレ期待（予想）からデフレ期待（予想）に転じます。

岩田規久男教授の言っていることはすべて正しかった

いわゆる「アベノミクス」の理論を最初に唱えたのは、岩田規久男学習院大学教授、後の日銀副総裁です。岩田教授は孤高を貫きながら、正論を説き続けました。岩田教授に賛同する人たちは、いつしか「リフレ派」と呼ばれるようになりました。

岩田教授の言ったことをまとめると、「インフレターゲット付の金融緩和を行え」「デフレ脱却まで消費増税は不可」です。他にも膨大な議論をされていますが、収斂するとこの二つです。

アベノミクスを批判する人は星の数ほどいますが、この二点が真のアベノミクスだとわかって批判している人が何人いるのか。わかっている人は基本的に批判しないのですが。

さて、歴史的事実に即して岩田元副総裁の理論の正しさを説明します。

二〇一二年十一月　安倍自民党総裁が「日銀に政策変更を迫る」と言っただけで株価上昇。
二〇一三年四月　黒田バズーカ第一弾。奇跡の景気回復を驀進。
二〇一三年十月　安倍首相、消費増税を宣言。この時点ではまだ駆け込み需要。
二〇一四年四月　消費増税八％。景気、L字型低下。
二〇一四年十月　黒田バズーカ第二弾（ハロウィン緩和）。
二〇一四年十一月　消費増税延期。緩やかな景気回復へ。
二〇一九年十月　消費増税一〇％。直後にコロナ禍。
二〇二〇年四月　コロナ給付金（空前の財政出動）……この間も金融緩和は継続。

安倍政権が発足し、二〇一三年二～三月の日銀人事に勝ち黒田東彦総裁が誕生しました。そして、さっそく同年四月に一回目の政策決定会合で打ち出した金融緩和策は「黒田バズーカ」と呼ばれ、バズーカを撃ち始めたら株が爆上がりしました。

ところが十月一日に、なんと安倍首相は増税を宣言します。財務省との権力闘争に負けたのです。なぜ財務省が消費増税をしたいのか。日銀が金利を上げたいのと同様に、「そういう病気にかかっている」「そういうカルト宗教に嵌まっている」と説明したほうがよさそうなので、以下省略。昔は真面目に考えましたが、この本は経済学の本なので、政治的な話は極力省略します。

この時の財務事務次官は、木下康司。当時の安倍晋三首相はあらゆる選挙に全戦全勝の上、戦後の歴代総理が誰もできなかった内閣法制局長官人事にも介入した強い総理に、アベノミクスを腰折れさせる消費増税を呑ませた。安倍首相も一度政権を失って相当に金融やマクロ経済を勉強していましたから、ここで消費増税などを行えばどうなるか百も承知でした。その安倍首相に真っ向から勝負を挑み、増税を呑ませた財務省、と言うより木下の政治力を称えるべきでしょうか。

案の定、翌年四月一日に消費税が増税されてから景気がL字型に低下していきます。財務省の「三カ月たてば景気はV字回復します」との説明が嘘だと明らかになります。安倍首相も秋になると、「財務省に騙された！」と怒り狂います。最初は信じてなかったでしょうが、いつのかにか自己催眠をかけたのでしょうか。なおも一〇％増税を迫る財務省に対し、安倍首相も今度は抵抗します。ちなみに木下次官は七月に退任していました。

黒田総裁は、黒田バズーカ第二弾を発射します。十月三十一日だったので「ハロウィン緩和」とも言われます。このときは、消費増税を延期したこともあって、緩やかな景気回復となりました。これをもって「緩やかでも景気が回復した」と評価するのか、「緩やかにしか景気回復しなかった」とするのか。

以後はあまり語ることがありません。二〇一六年の参議院選挙でも増税を延期、緩やか（にすぎない）景気回復は続きます。二〇一八年に消費増税一〇％。その悪影響が出ると予想された時期よりも前に、コロナ禍が訪れます。まだ記憶に新しいでしょう。この時、日本人全員に一〇万円を配ると言う、空前の財政出動を行いました。景気の悪化は最小限に抑えられました。なお、この間も黒田日銀は、金融緩和を続けています。

さて、「アベノミクスは失敗だ」とか「リフレ派理論が間違っている」などと批判する人がいますが、見当違いです。

たしかに安倍政権は長く続き第二次内閣だけでも八年続きました。それで経済回復できなかったから金融緩和は無効だとか雑な議論する人がいますが、安倍さんが岩田先生の主張通りに本当にリフレ派政策をとってくれたのは、二〇一三年四月から十月までの半年にすぎません。批判するならば、その時期の政策を指して言うべきでしょう。岩田先生が「やるな」と言った消費増税をやっておいて理論を批判するのは見当違い、見当違いを承知の上で批判しているなら人として卑怯でしょう。

むしろ、岩田先生の主張通りに量的・質的緩和を行って大成功し、岩田先生が絶対にしてはいけない、と言った消費増税を行って失速しているので、安倍政権の最初の一年（厳密には半年）こそ、リフレ派が正しいことの証明なのです。

ちなみに岩田先生に、一〇％消費増税の半年前に「増税したら景気がどれくらい悪化しますか」とお尋ねしたら「もう、すでに悪い」とのお答えでした。

政府（中央銀行を含む）が、「貨幣発行を決してやめません」「増税しません」という絶対に景気回復させるのだとの姿勢を見せてこそ、インフレターゲットの効果が発揮されるのです。「減税します」ならなおいい。増税を宣言した時点で、インフレターゲットの効果は大

マネタリーベース対GDP比の国際比較

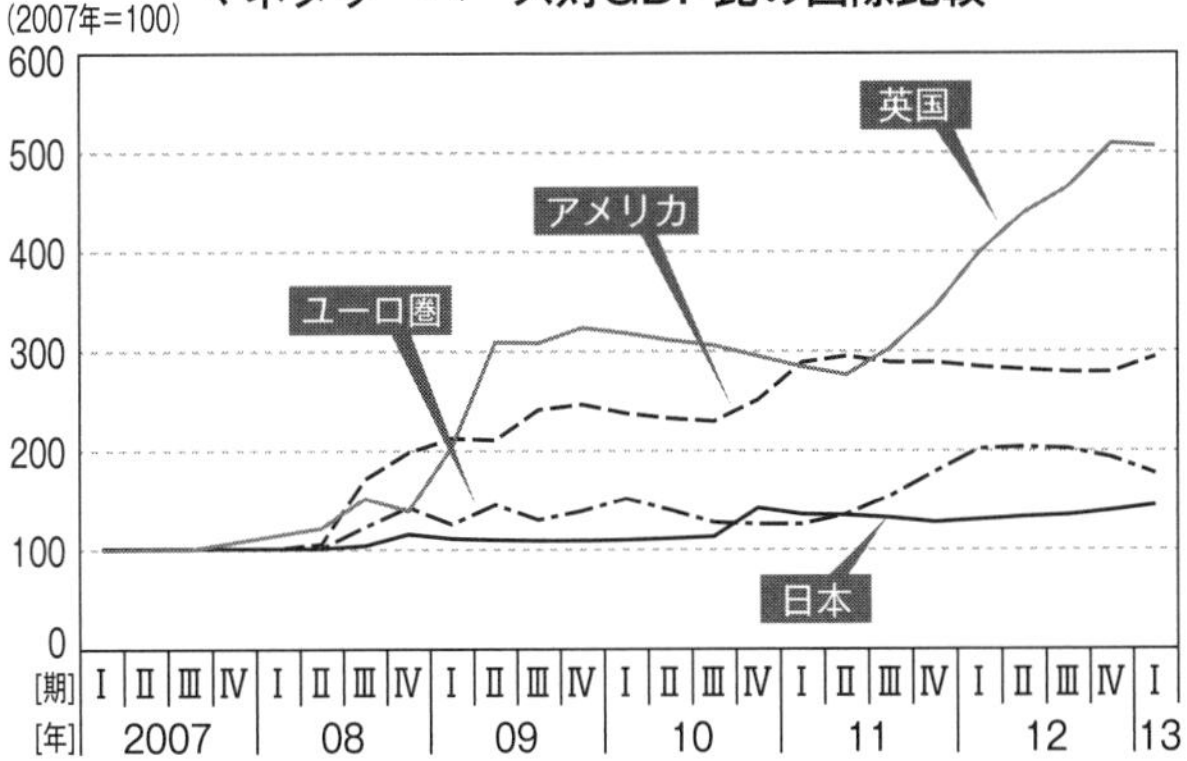

マネタリーベースとは「日本銀行が供給する通貨」のことで、市中に出回っているお金である流通現金（「日本銀行券発行高」と「貨幣流通高」）と「日銀当座預金」の合計値。リーマン・ショック以降、主要各国の中央銀行は大規模な量的緩和に踏み切り、通貨量を増加。しかし、日本はほとんど増やしていない状態だったため円が希少になり、深刻な円高が進んだ（出所：内閣府）

主要国のマネタリーベース残高の推移

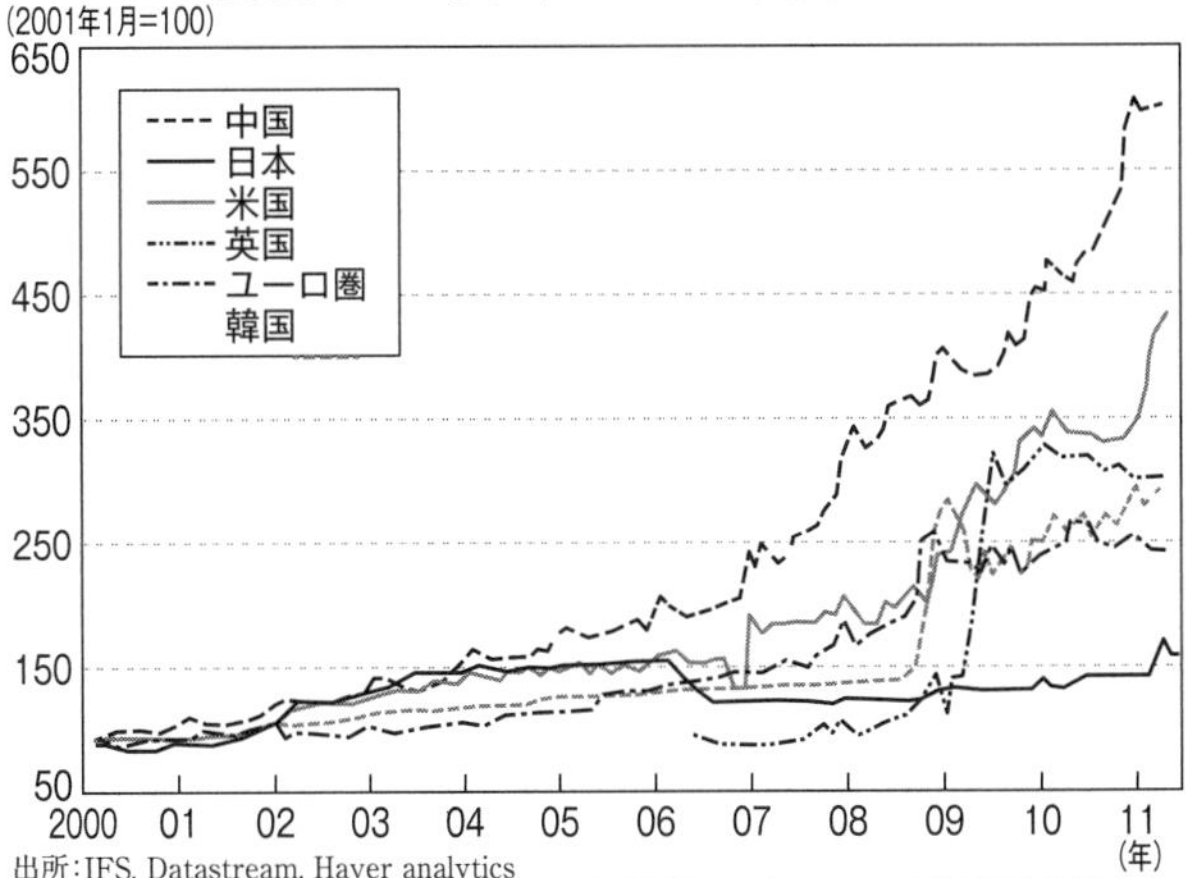

出所：IFS, Datastream, Haver analytics
注：ユーロ圏はECBの資産。イギリスはデータが接続していないので2006年5月を100とした。
大和総研作成。

幅に減殺されてしまったのです。「延期」も同様で、「いつか増税」と思えば、投資も消費も控えます。

二つの金融緩和反対論 「効果がありすぎ」VS.「効果がない」

金融緩和に反対する人々には二種類あります。

「こんな事をやったらハイパーインフレになるぞ！」とする「効果ありすぎ」論と、「そんなもの効果がない！」という「無効論」。

場合によっては、この二つを同じ人が言います。

違う人が言っていたら、まだ「この人にはこう、この人にはこう」と両方を説得する方法を考えますが、同じ人に両方を言われたら、もう、どうしたものやら。

その代表例が元日銀総裁・白川方明です。こっちを言ったり、あっちを言ったり、それをひたすら繰り返しているだけで真面目に答えていない。議論による説得が不可能な相手です。

総裁自らがこれですから、日銀全体そして御用メディアが、のらりくらりをひたすら繰り返す。

ところで、日銀が曲がりなりにも通貨を発行しているので、厳密な意味でのデフレや極度の円高には戻っていません。IMF（国際通貨基金）の定義によれば、デフレとは二年以上にわたって物価が下落することなので、それに従えば、デフレ脱却はできているのです。ただ、好景気に戻っているわけではないし、二パーセントの物価目標に達しているわけでもない。それで、「デフレ完全脱却をめざす」という表現をしているのです。

しかし、なんとか九年もデフレに戻らずに来たのは金融緩和のおかげです。ここで緩和を止めるなどという社会実験を行ったら、どうなるかわからない。

過去にそれを行って地獄を見たのですから、金融緩和が無効と言う人々には、そのことをよく考えていただきたい。

格差など広がっていない！　むしろ日本中が貧乏になる悪夢

景気拡大によって、格差が拡大すると言う人もいます。アベノミクスは格差を拡大させただけだ、という人もいます。

成長すれば儲かる人が金持ちになっていき、格差が拡大するように見えるかもしれません。しかし、景気がよくなれば底上げされるので、結局、みんなが豊かになるのです。景気が悪いと誰も儲からないから、格差そのものは広がらないかもしれませんが、みんなで一緒に貧乏になっていくのです。

結局、緩やかにしか景気を回復できなかった結果、何が起きているでしょうか。

かつて日本は物価の高い国、そして、当然、給料も高い国でしたが、いまでは企業の重役など、東南アジアのほうが日本より高給取りだと評判です。永濱利廣氏によると、「経営幹部の給与を比較すると、日本は主要国のなかで下から数えたほうが早くなっています。中国対比で約三割安、韓国対比で約二割安で、フィリピン、インドネシア、タイより低い水準です（マーサー ジャパンの調査による）。日本の賃金は非管理職レベルではそれほど安くないのですが、課長レベルで韓国に肩を並べられ、部長レベルでは中国に逆転されているのです」（前掲永濱『日本病』三一～四頁）。

それに日本は税金が高い。月給四〇万円の会社員でも、ほぼ五公五民です。会社としては「四〇万円も払っている」かもしれませんが、会社員側から見れば、税金や社会保険などで半分もとられて、手取りは半分しか残らないので「二〇万円しかもらっていない」という感覚になります。

アベノミクスによって自殺と失業が激減して、若者の就職やバイトの時給は上がっています。あと少し頑張れば給料も上がるでしょう。現状では「給料が上がらない中、物価高でキツイ」という状態かもしれませんが、あと少しです。第一章で食堂の値上げの話をしましたが、すべての値が上がれば、給料も上がるのです。「値上げ」そのものは悪いことではありません。

結論として言えることは、景気の回復が安定軌道に乗るまでは金融緩和を止めるべきではありません。

「何が何でも金融緩和を止めたい」との意志

黒田総裁は辞め際に「この政策を、もう二〜三年続ければ、デフレから完全脱却できる」と繰り返していました。これは「総裁が代わった時が、政策転換のチャンスだ！」と金融緩和を止めようとする勢力への牽制でしょう。実際には、せめて半年でも黒田路線を続ければ、という状況のようですが。

そもそも、黒田バズーカは「異次元の金融緩和」とも言われました。物価上昇率が二％になるまで無制限にお札を刷り続ける！　今までにない金融緩和なので、「異次元」です。しかし、こんな政策、永遠に続けられる訳はありません。たとえば、銀行はいつまでも低金利、今やマイナス金利なので、悲鳴を上げています。もともと、二年で景気回復してさっさとやめる予定だったのです。ところが、早すぎる消費増税の悪影響で、景気回復のスピードは鈍化。追加緩和で景気を回復軌道に戻しましたが、かつての勢いは取り戻せていません。それでも十年も金融緩和をしてきたので、あと少しのところまで来ました。

あと少し、金融緩和を続ける。それは「Ｘ日後にやめる」と同じ意味なのですが、新総裁は就任から半年後に金融緩和をやめるのか、半年後なのか、一年後なのか、二年後なのか、はたまたゼロ日でやめるのか。いずれにしても難しい舵取りを迫られます。

後継総裁には、雨宮正佳《あまみやまさよし》副総裁が有力とされました。しかし、雨宮副総裁には早くから日銀内部（ＯＢ含む）から、「あいつはリフレ派に寝返った」との評価が吹き上がり、中曽宏前副総裁の名前が挙がるようになります。雨宮氏がリフレ派かどうかの評価はさておき、そういう声が沸き起こっていたことは事実です。さらに、山口廣秀《やまぐちひろひで》元副総裁の名前まで挙がるようになります。白川総裁時代の副総裁です。「何が何でも金融緩和を止めたい」との勢力の意志を感じます。

事前に候補に挙がった人たちを、最も簡潔に網羅した記事はこちらでしょう。『ロイターワールド』二〇二三年二月三日の「情報ＢＯＸ：日銀正副総裁人事　有力候補の経歴や政策観」との記事です。挙げられたのは、以下の人たちです。

雨宮正佳・日銀副総裁、中曽宏・前日銀副総裁、山口広秀〔ママ〕・元日銀副総裁、
浅川雅嗣・ADB総裁、岡本薫明・元財務次官、木下康司・元財務次官、
伊藤隆敏・コロンビア大学教授、氷見野良三・前金融庁長官、内田真一・日銀理事、
清水季子・日銀理事、翁《おきな》百合《ゆり》・日本総研理事長、白井さゆり・元日銀審議委員。

日銀関係者では、三人の有力候補の他に、雨宮氏の次の「プリンス」と目される、内田理事が挙がっています。

二人の副総裁の内、一人は、かつては財務省の指定席。財務省は「たすき掛け人事」の復活を狙っているとの観測。早くから名前が挙がっていた元財務官の浅川雅嗣ADB総裁の名前は消え、八％の消費増税を実現した木下康司元事務次官、同じく一〇％の岡本薫明元次官と、有力者の名前が挙がります。彼らが日銀副総裁になれば、五年後は総裁。「ロイヤルロード」の復活です。関係者の間では、いつの間にか「木下」の名前しか聞かなくなり、いつしか財務省枠の副総裁に関しては、名前が言われなくなりました。

この記事では、国際的にも評価が高い、氷見野良三前金融庁長官の名前が挙がっています。もう一人の副総裁は、俗に学者枠。こちらは「リフレ派でなければ誰でもいい」と言わんばかりの扱い。伊藤隆敏・コロンビア大学教授は、過去何度も副総裁に挙げられた方です。一時、「サプライズで女性総裁？」とも流れ、多くの名前が挙がっています。清水季子理事は、「女性枠」です。

最有力視されたのが、翁百合・日本総研理事長。彼女が幹事を務める令和臨調（令和国民会議）が政府に提言書を提出したら、株安円高に振れたほどです。その内容が「二％の物価水準目標は長期的に」と、事実上の棚上げをするような提言だったから、翁氏の日銀入りを前提にしてか、市場は反応したのです。

他に、元日銀委員の白井さゆり慶應義塾大学総合政策学部教授。ここまでくると、もはや「学者枠はリフレ派でなければ誰でもいい。女なら、なお可」といった様相と化しました。

日銀人事は、外に漏れることは絶対にありません。

個人的な体験ですと、私が主催するインターネット番組「チャンネルくらら」でエコノミストの安達誠司先生に毎週経済情勢を解説する番組をお願いしていました。するとある日、ニュースで「安達誠司氏、次期日銀委員に指名」と流れています。その瞬間まで私も誰も知らされていませんでした。

ちなみに私の予想は？

私は予想を一度もしていません。何度も繰り返し「日銀人事、特に総裁人事は日本の運命を決める。次の総裁は若田部一択だ！」と言い続けました。若田部昌澄副総裁ほどのマクロ経済に関する見識があれば、うまく舵取りしてくれるだろう、と。

ＮＨＫ党の浜田聡参議院議員が、令和四年四月十四日の参議院財政金融委員会で若田部副総裁を呼び出し、「雨宮さんが有力視されているようですが、不安なんで、ここで出馬声明してください」とか、無茶苦茶な質問をしていたのには度肝を抜かれましたが。

答えられる訳がない（笑）。

岸田首相、それを言っちゃ～おしまいよ

直前の下馬評では、「中曾総裁、木下・翁副総裁」が有力視されていました。中曾氏が雨宮氏を抜いた、と見られていました。

私は、「若田部総裁」はあり得ないと知りつつ、言い続けていました。故・安倍晋三元首相は「若田部総裁」を考えていたようでしたが、仮に生きていても岸田首相が呑んだかどうか。

雨宮、中曽、山口の三氏が有力候補となった状況を、「普通の地獄」と「より悲惨な地獄」と「とことんまでの地獄」と評していました。きつい表現と思うかもしれませんが、ここまでお読みならご理解いただけるでしょう。現状をグルグル回すだけで「未来への意志がない人」に、下手な希望など持つべきではないと考えているからです。早々とリフレ派排除が既定路線、つまり「若田部総裁」の可能性が消えた時点で、予想など何の意味もない。状況に対応する「どうするか?」を考えるしかないからです。要するに、合格最低点を何点下回るかの予想になど、何の意味もないからです。

岸田首相は令和五年二月十日に次期正副日銀総裁人事を提示するとの予定でしたが、直前の六日に『日経新聞』が「政府、雨宮副総裁に次期日銀総裁を打診」とスクープします。ただし、ネット版で絶対に朝刊に間に合わない時間です。ロイターやブルームバーグなどネットメディアは「あの日経が言うのだから」と追随します。

しかし、翌日以降も他紙は後追いせず。『読売』『朝日』『産経』は完全無視です。読売は首相官邸の情報をかなり抑えているので、不気味です。

六日、鈴木俊一財務大臣や連立与党の山口那津男公明党代表は「聞いてない」で、政府のスポークスマンの磯崎仁彦官房副長官は「そのような事実はない」と完全否定。政府与党の関係者はとしては、そう言わざるを得ないでしょう。

そして傑作だったのは、夕方の岸田首相の会見です。『日経』の記事を「観測気球」と切り捨てました。

本書一一四～一一五頁を読み直してください。私は日ごろから『日経新聞』を「観測気球」とおちょくっていますが、実際に霞が関の官僚（特に財務省）なんかが、そういう使い方をしているからです。いわば、公然の秘密。それを現職総理大臣が口にしたのですから、「それを言っちゃ～おしまいよ」としか、言いようがありません。

そして、本当に観測気球だったようで。

ちなみに六大紙で、日経の後追いをしたのは『東京新聞』だけ。『毎日』は岸田首相が「観測気球」と切り捨てた件のみ、ベタ記事で取り上げました。

「次期総裁に雨宮氏」との報道が流れた瞬間は、日本の市場は閉まっていましたが、円ドル相場は動きます。一円の円安に振れました。そして株式相場が開くと、五十円の株高に。これ、インサイダー取引を疑ったほうがよい案件ですが。黒田路線を急激に修正しないだろうとの観測からです。

政府は、十日の提示を十四日に延期すると、公表します。

ところが、その十日になって、またもや『日経新聞』が「次期総裁に植田和男東大名誉教授、副総裁には内田・氷見野氏」と打ちます。今度は全紙が後追いしました。

ロイターは正副総裁候補に内田日銀理事と氷見野前金融庁長官を挙げていただけ見事でしたが、そのロイターすら植田氏はノーマーク。管見では誰も挙げていなかった人事です。

植田和男って、どんな人？

誰もが想定していなかった植田和男氏、どのような人なのでしょうか。

一九五一（昭和二十六）年生まれ、七十一歳。東京大学教授を経て、一九九八（平成十）年に日銀審議委員に。

二〇〇〇年に速水総裁がゼロ金利を解除しようとした時の政策決定会合では、反対票を投じています。

次期日銀総裁との報道が流れた直後のインタビューでは、「何も答えられない」と言いながら、「総裁になったら、しばらくは金融緩和を続ける」などとペラペラと喋っています。

大丈夫かいな、この人。

しかし、例によって、日本の相場が閉まっている時間の初報なので、円ドル相場しか反応できませんが、一円円高に振れました。そして十日は金曜日だったので、十三日月曜日に相場が開くと株価は二四三円下がりました。

と、ここまでは報道されている通りですが、植田氏の経歴を深掘りしましょう。

植田氏は、よく言えば中立的、一言で言うと「カメレオン」です。すなわち、どんな色にも染まる。しかし、根は反リフレです。

最近一年でこそ黒田日銀の政策を妥当だと評価していますが、もともとは二％の物価水準目標にも、量的緩和にも懐疑的でした（二〇〇二年政策決定会合）。

どれくらい懐疑的か。岩田・翁論争の裁定者としての振る舞いが象徴的です。

岩田規久男上智大学教授（当時）は、日本銀行がマネタリーベースを増やせば（お札を刷れば）、デフレ脱却できると主張し、当時の日銀が金融緩和に消極的だったのを批判しました。これを迎え撃ったのが、日銀の翁邦雄氏です。これが岩田・翁論争です。

ちなみに邦雄氏は、百合氏の夫です。だから「翁百合副総裁」との観測の下で令和臨調が提言を発表すると、市場が反応したのです。「あの岩田・翁論争の翁氏の嫁が……」と。

さて、これに「裁定者」として名乗り出たのが、植田氏。裁定の中身は「短期的には翁氏が正しいが、長期的には岩田氏にも理がある」という、よくわからない「翁寄りの引き分け」でした。事実で見れば岩田教授の完勝のはずですが、「レフリー的言論」で丸め込んでしまいました。

これをあるエコノミストは「最低の裁定」と評したとか。

また前述の、速水総裁の「早すぎる金融緩和解除」に関する反対票です。この時は「デフレ脱却もできていない時点で早すぎる」と正論を吐いています。しかし、翌月の政策決定会合からは、賛成に回りました。理由は「一度決めたことをすぐに覆すのはよくない」だとか。速水日銀に徹底的に楯突いて正論を言い続けた中原伸之委員は、その変節漢ぶりに呆れかえっていたとか。中原氏がどれほど孤独だったかは、中原伸之『日銀は誰のものか』（中央公論社、二〇〇六年）を参照されたし。

植田氏は「公用車を使い、銀座のクラブで豪遊」と報じられたこともありました（『週刊ポスト』二〇〇〇年六月九日号）。まさか、女性問題を握られて変節した、とかでなければいいですが。

また、恩師の一人である浜田宏一イェール大学名誉教授が対談本の『21世紀の経済政策』（講談社、二〇二一年）で対談を申し込んだ時に、「金融政策が効くか効かないかと両者のバランスをとって議論するのではなく、先生のように効くと決めつけている人とは議論できない」と断ったとか（同著八～九頁）。

そのわりに、主著『ゼロ金利との闘い』（日本経済新聞出版、二〇〇五年）は、当時の白川《しらかわ》方明《まさあき》総裁と山口廣秀副総裁に草稿を見てもらいながら仕上げたと謝辞を述べた本です。ずいぶんなバランスがあったものです。

ちなみに、リフレ派の中でも、厳しい見方をする人と、そこまで悲観すべきではないとの観測をする人がいて割れています。

この理由は簡単で、もともとリフレ派は思想統一をしている集団ではなく、大まかな方向性は一致していますが、みんな言っていることが少しずつ違います。

岩田、中原、浜田といった人はコアなリフレ派ですから、そうした人たちに近い人ほど、植田氏への評価が厳しくなる傾向があります。

私は、「雨宮さんなら急激な政策変更はしない」との観測が流れた時から、「前科四犯」の人間が何を言っても信じない、と言い続けました。三重野、速水、福井、白川と旧体制の日銀プロパーの総裁が何をやってきたか。

そして、たすき掛け人事を排した学者総裁とはいえ、旧体制に近い思想の植田氏。

私は、「白川体制では生ぬるい。速水体制に戻せ」との日銀主流派の意志と看做します。

もっとも、急激な金融引き締めを行うと株価も支持率が下がるのは明々白々。岸田官邸との綱引きでしょうが。

ところで、財務省は大丈夫なのでしょうか。財務官出身の黒田総裁に続き、今度は金融庁長官出身の氷見野副総裁。二代続けて事務次官経験者を送り込めませんでした。ロイヤルロードが絶たれた感があります。金融庁は本省からしたら「植民地」です。本流の人たちが、このまま泣き寝入りするのか。

経済大国が生き残る

さて、ここまで読めば「どうなるか」を予想しても意味がないとおわかりでしょう。状況を可能な限り把握、大局観を持って、「どうするか」を考えればよいのです。

仮に新執行部がおかしな真似をして日本経済をクラッシュさせたら、容赦なく制裁を下す。そうならないように牽制し続ける。

そして、日銀総裁人事の重要性を説き続ける。

そもそも、日銀総裁人事の重要性を理解している政治家がどれほどいるでしょうか。

日本は今や名ばかり経済大国です。経済大国と言っている時点で、本物の大国ではありません。その唯一の取り柄の経済も下り坂。元の財産が大きいからいまだに世界三位の地位を保っていますが、実感はないでしょう。

日本は潜在的に大国です。ただし、超大国に取り囲まれています。ならば、どうするか。強く賢くなることです。

国際社会で発言力を持つには、力が必要です。特に、軍事力抜きの外交は無力です。ただでさえ中国の脅威が高まる中、隣国ロシアがウクライナ侵略。中露に加えて北朝鮮までが核武装して日本を脅してくる。「防衛費五年で倍増」などと言っていますが、本当に「五年」などと悠長なことを言ってられるのか。

そして、防衛費を増やすにも、経済力がなければ持ちません。「増税で戦費を賄う」など、日露戦争の時代の発想です。第一次大戦から現代に至るまで、結局のところ、民の活力を強めて経済大国になった国が、最終的に生き残っているのです。だから、ドイツ帝国もソ連も滅びました。これをわかっているから、中国は鄧小平以後、実質的に資本主義を導入しているのです。

真っ当な経済学を学び、実行する。

それが救国《くにまもり》です。

おわりに――経済政策の誤りは多くの人を殺す

本書の制作では、三人の方にお世話になった。

私は一昨年十一月、ＰＨＰ新書より『ウルトラマンの伝言』を上梓させていただいた。私が物書きの仕事を選んだのは、「ウルトラマンの本」を書く為であったと言っても、まったく過言ではない。私と同世代の男の子なら、誰もが一度は夢を見ただろう。「怪獣博士になりたい！」と。私は幸いにも、ＰＨＰ研究所で何年もお世話になっている白地利成編集長のおかげで、少年の夢をかなえさせていただいた。十年前の自分には想像もつかなかった。

人生の集大成である。妥協せず、書きたいものを書く。他人に受けようが受けまいが関係ない。ある意味で、やりたい放題やった。書きたいことを全部詰め込んだ。

おかげさまで重版御礼、次回作の話も転がり込んできた。

私の心境はただただ「生きてて、良かったぁぁぁ」しかない。

そして、担当白地氏より一言。

「次はプロレス本で行きましょう！」

なんでや？？？？

最近の私は、「編集者の暴走を止める著者」と化している。「まあまあ、そこは穏当に歴史本で行きましょう」「いやいや、勝負のプロレス本で」「では、間をとって経済本で」などというやり取りを続けている内に時間が過ぎ、経済本になった。その決定的な理由は「はじめに」で書いた通り。今、この瞬間にお伝えしたいテーマをお届けするのが、物書きの使命である。

こうした私と白地氏のプロ意識が高すぎるやり取りの末に、本書の制作に取り掛かったのだが、今回も倉山工房の徳岡知和子さんのお世話になった。本書の骨格は早くから出来上がっていたのだが、そこに肉付けをして、筋肉に育てるのは別の話である。徳岡さんには「この部分の原典、『資本論』から探しといて」のような無茶もお願いしたが、淡々とこなしてくださった。よくもまあ気まぐれな私の頼みを、黙々と聞いてくれたものだと心の中で三跪九叩頭の礼で感謝である。

校閲として、私が最も信頼する若手経済学者の柿埜真吾先生にお願いした。事実上の監修をお願いしたと言ってもよく、私も柿埜先生の助けが得られなければ本書を出す勇気はなかっただろう。本書の構想をお見せした時、「よくこんな風にぶった斬れますねえ」とお褒め（？）いただいた。さすがにご指摘は的確で、「専門家とは、ここまで緻密に物事を見るものか」と感心することしきり。

ただし、あえて柿埜先生の指摘をすっ飛ばした箇所も、何個か。その一つが、本書八八頁で『資本論』を引用した後の一言だ。

「何、言ってんだ？　馬〜〜〜〜〜〜〜〜鹿！」

ここに柿埜先生は、「まあ確かにそうなんですが、ここまで言い切るのにはさすがに躊躇します。もう少し抑えていただければ助かります……」と指摘を入れていただいたが、聞き入れなかったのは本文の通り。さらにマルクス主義の思想を、

「世界中の政府を暴力革命で転覆し、地球上の金持ちを皆殺しにすれば、全人類は幸せになれる！」

と、まとめたところ、柿埜先生は「地球上の金持ちを皆殺しにすれば」を「私有財産を廃止すれば」に直せばと添削してくれたが、これまた本文の通り聞き入れなかった。

温厚な柿埜先生なら当然そう言うだろうけど、私は怖いものなしの遠慮なし。事実、共産主義者が人殺しでなければ、何なのか。今の日本では共産主義なんて正面切って語れないけど、リベラルと名前を変えて生き残っている。そして、リベラルなんて名乗ってほしくない、日本の似非《えせ》リベラルの偽善を甘やかして、何になる。

一例を挙げる。

安倍晋三元首相の国葬に反対して、一人の老人が焼身自殺未遂を図った。リベラルを自任する多くの人々が、この事件を取り上げて大騒ぎした。海外でまで話題になった。その手合いのリベラルがどのような思想を持ち主張しようが構わないし、当該事件を取り上げるのも勝手だ。私は何一つ賛同しないが。

では、コロナ禍の経済苦で焼身自殺したとんかつ屋のおじさんの事件で、そいつらの誰か一人でも声を上げたのか。二〇二〇（令和二）年四月三十日夜十時、練馬区のとんかつ屋で、店主の五十六歳の男性が焼身自殺した。七月に予定されていた東京五輪の聖火ランナーに当選、走る予定だった。とんかつ屋さんが自分の店で油をかぶって自殺する、どれほどの無念か、想像できるだろう。自分たちの政治的主張に適う事件は最大限に利用するが、本当に弱い者、虐げられた者の為には絶対に戦わない。それが似非リベラルの正体だ。

経済政策の誤りは、人を殺すのだ。

ちなみに私は、一九七三（昭和四十八）年生まれ。この年生まれは戦後最大の「負け組」とされる、ロストジェネレーション世代だ。やりたい仕事に就いて、真っ当に稼いだ金で人生を楽しむ。友と酒を飲むもよし、旅行に行くもよし。頑張って働けば給料が上がる。就職、結婚、子育て。そうした当たり前のこと、たったそれだけのことが、許されなかった多くの人たちがいる。為政者たちが経済政策を間違えたからだ。

そうした社会から、安倍晋三首相と黒田東彦日銀総裁のおかげで、ようやく抜け出せると思ったが、果たして今後はどうなるか。

安倍さんにも黒田さんにも言いたいことは山とある。だが、バブル崩壊以後で最も真っ当な経済政策を行ってくれたし、一般方向は正しかった。ただし、早すぎた消費増税八％の悪影響は大きすぎたので、景気回復が緩慢にも程があった。それがようやく抜け出せる寸前に、黒田総裁の任期切れだ。

植田和男新総裁で「どうなるか?」は、わからない。

だが、最終章で記した通り、過去の経歴からして植田氏は、圧力に弱い。今ほど国民世論の監視が重大な時はない。

ならば、「どうするか!」だ。

本書が一人でも多くの日本人の幸せにつながる未来を願って、筆をおく。

倉山　満

PHP新書

PHP INTERFACE
https://www.php.co.jp/

倉山 満［くらやま・みつる］

1973年、香川県生まれ。皇室史学者、憲政史家、(一社)救国シンクタンク理事長兼所長。96年、中央大学文学部史学科国史学専攻卒業。同大学院文学研究科日本史学専攻博士後期課程単位取得満期退学。著書に『決定版 皇室論』(ワニブックス)、『沈鬱の平成政治史』(扶桑社新書)、『ウェストファリア体制』『ウッドロー・ウィルソン』『ウルトラマンの伝言』(以上、PHP新書)など多数がある。

これからの時代に生き残るための経済学

PHP新書 1348

二〇二三年三月二十九日 第一版第一刷

著者――倉山 満
発行者――永田貴之
発行所――株式会社PHP研究所
東京本部――〒135-8137 江東区豊洲5-6-52
ビジネス・教養出版部 ☎03-3520-9615(編集)
普及部 ☎03-3520-9630(販売)
京都本部――〒601-8411 京都市南区西九条北ノ内町11
組版――有限会社メディアネット
装幀者――芦澤泰偉＋明石すみれ
印刷所――大日本印刷株式会社
製本所――東京美術紙工協業組合

ISBN978-4-569-85431-1

ＰＨＰ新書刊行にあたって

「繁栄を通じて平和と幸福を」（PEACE and HAPPINESS through PROSPERITY）の願いのもと、ＰＨＰ研究所が創設されて今年で五十周年を迎えます。その歩みは、日本人が先の戦争を乗り越え、並々ならぬ努力を続けて、今日の繁栄を築き上げてきた軌跡に重なります。

しかし、平和で豊かな生活を手にした現在、多くの日本人は、自分が何のために生きているのか、どのように生きていきたいのかを、見失いつつあるように思われます。そして、その間にも、日本国内や世界のみならず地球規模での大きな変化が日々生起し、解決すべき問題となって私たちのもとに押し寄せてきます。

このような時代に人生の確かな価値を見出し、生きる喜びに満ちあふれた社会を実現するために、いま何が求められているのでしょうか。それは、先達が培ってきた知恵を紡ぎ直すこと、その上で自分たち一人一人がおかれた現実と進むべき未来について丹念に考えていくこと以外にはありません。

その営みは、単なる知識に終わらない深い思索へ、そしてよく生きるための哲学への旅でもあります。弊所が創設五十周年を迎えましたのを機に、ＰＨＰ新書を創刊し、この新たな旅を読者と共に歩んでいきたいと思っています。多くの読者の共感と支援を心よりお願いいたします。

一九九六年十月

ＰＨＰ研究所